# さらば！グローバル資本主義

「東京一極集中経済」からの決別

森永卓郎
経済アナリスト

神山典士
ノンフィクション作家
（第45回大宅壮一ノンフィクション賞受賞）



東洋経済新報社

## まえがき

# 私が「東京一極集中経済」との決別に踏み切った訳

## ――「生きながら死んでいる人生」を送るのは、もうやめよう

### これまでの私の日常――ステージ4の宣告を受けるまで

早朝5時――。

私はいつものようにひとりベッドからおき出して、寝息をたてる家人をおこさないように作業着に着替えて家を出ます。

2023年の12月にステージ4のがん宣告を受ける前までの私は、季節によってはまだ真っ暗なこの時間に家を出て、近くに借りている畑で汗まみれになりながら畑仕事をしていました。

着古したシャツによれよれのズボンと野球帽、首にまいたタオル。

もともとタヌキ型の体型でしたから、誰が見てもどこから見ても田舎の農夫に見えていたはずです。自分でもそれでいいと思っていました。

畑の傍らに置いたママチャリに下げた袋には、ペットボトルが約10本。畑には水道がきていないので、家から重い水を持ってこないといけないのです。

快適な畑仕事にあって、唯一これだけが私の重労働でした。

畑のある場所は、西武池袋線の池袋から急行に乗って約30分、下車した小手指《こてさし》駅からは車で約10分、歩けば約30分。

いまは周囲に住宅が建ち並ぶようになりましたが、私がここに越してきた1985年には見渡す限りの畑だった田舎です。

2020年にコロナ禍になって以降、それまで群馬県内に借りていた畑に通えなくなったので、ここに1アール（100平方メートル）の畑を2つ借りて、講演やテレビ出演が減って暇になった時間を使って、毎日農作業に励んできました。

このあたりは、いわゆる**「トカイナカ」**と呼ばれるエリアです。**都心から車でも電車でも1時間から1時間半**。コロナ禍でリモートワークが主流だったときには、週に1〜2回は都心のオフィスに出社するけれど、あとは自宅でリモートワーク。大学の授業もゼミも、リモート中心でした。

この生活スタイルなら自宅菜園で野菜もつくれるし、周囲の野山で自然を満喫できる。トカイナカエリアには、そんなサラリーマンや自営業の人たちが多く生活しています。

## 「一人社会実験」を決行

私はこの畑でスイカ、トマト、ミニトマト、キュウリ、ピーマン、サヤインゲンなどなんでもつくり、親子4人家族で野菜はほぼ自給自足していました。

そもそもここで畑を始めたのは、「どのくらいの広さの畑を耕せば自給自足できるのか？」という**「一人社会実験」**のつもりでした。

その答えは家族4人ならば1アール。それだけを耕せば、前述したような豊富な野菜が手に入る。もちろん備蓄もできますから、大規模な自然災害が発生しても、当面は食べることには困りません。

食料だけでなく、電力も社会実験しました。

自宅の屋上にソーラーパネルを貼って、どれだけの電力が稼げるか。これもほぼ再生可能エネルギーで自給できる、という確証を得たのです。

その結果、**家族4人が生きていくために必要な最低限の現金は約10万円で足りる**ことがわかりました。これだけを稼ぐなら、一般の人でもリモートワークでも十分。

あるいは本書の第3章で述べるように、政府がベーシックインカム（基本生活保障制度）を導入して1人5万円を支給したら、家族4人で20万円になる。6万円支給したら24万円!!

トカイナカで自給自足に近い生活をするには、これだけあれば十分です。

そして**国民の多くがトカイナカ生活を展開するメリットは、計り知れません。**

本書では、その素晴らしいメリットも縷々《るる》展開していきましょう。

## ストレスなき、免疫力を高める生活

本書執筆中の2024年12月現在、私は「余命4カ月、次の桜は見られない」とがん宣告されて以降、1年以上生き延びています。

なぜ余命が延びたのか？

医学的な理由はわかりませんが、自分では免疫力が高まったからだと思っています。好きなカラオケも大観衆の前で歌う。2024年11月4日、文化放送主催の「浜松町ハーベストフェスタ－浜祭－」では、芝の増上寺で3000人の前で髙橋真梨子さんの「ごめんね…」を歌い、審査員の伊東四朗さんから「あなたは恥を知らない」というお褒めの言葉をいただきました。

真っ赤な衣装も万全でしたし、声も完璧に出ていました。

あまりにうれしかったので、この調子ならと、来年は松田聖子さんのバラードを歌うと決めて、もう衣装も用意しています。

**がん宣告を受けて以降、私はやりたくない仕事は一切やっていません。**

**言いたいことは誰にも忖度せずに言う。書きたいものは書く。**書いておかなければ死ねないものから書く。

前から書きたかった、イソップに対抗する大人向けの寓話も書いて出版する。

日本の最大のタブーである財務省に対しても、しっかりと持論をぶつける。財務省のエリートの天下りの実態もズバズバ言う。

小泉内閣時代、経済財政政策担当大臣や金融担当大臣、総務大臣などを歴任し非正規雇用を拡大して現在の格差社会を生み出す元凶となった竹中平蔵氏も断罪する。

財務省批判や1985年のJAL123便墜落事件の真相も含めて、「誰も書かなかったシリーズ」ではこの国のタブーを書きまくっています。

**普通だったら闇に葬られていたかもしれません。**

かつて財務省に敵対的な姿勢をとった中川昭一さんは、泥酔記者会見をやらされたあげく不審死を遂げました。元財務省官僚で消費税減税を訴えた国民民主党の玉木雄一郎さんは、ある日突然不倫報道をおこされて、「党役職停止3カ月」の処分を受けました。

けれど私のところへは、いまのところヒットマンは現れていません。

なぜなら私には、強烈な切り札があるからです。

それは、「いまにも死にそうなこと」。

元気なやつは殺しに来るけど、いまにも死にそうなやつは誰も殺しに来ない。

さすがの財務省も、がんで余命宣告を受けて「いまにも死にそうな森永卓郎」は殺しに来ないのです。

だから本書も書けて、この国の喫緊の課題でありながらちっとも進まない**「地方創生のまやかし」**を訴えることもできる！


本書で私は、すべての都市生活者に訴えます。


**生き方と働き方をリセットしよう！**

**グローバル資本主義に搾取されているブルシット・ジョブ*から逃れて、「真の労働の悦び」を取り戻そう！**

**自分で生き方を選択できるトカイナカで生きよう！**

---

＊「社会に何の影響ももたらさず、働く当人も意味がないと感じている仕事」のこと。

それができるか否かに、「都市生活者の幸せがかかっている」からです。

## 満身創痍、末期がんの苦しみとともに

そう書きながら、私の全身にとりついた末期がんは、表現しきれないほどの痛みを与えながら転移を繰り返しているようです。

本書執筆中の2025年1月現在、私は所沢駅から週に2回、夕方の電車に乗って都内へ向かいます。

その夜は八丁堀にある仕事場マンションのソファーに寝て、翌朝6時からラジオの生放送に3本出演。TBS、文化放送、ニッポン放送を回って、その後クリニックに行って医師の診察を受ける日々。

そうやって、もう2023年の12月から1年以上にわたり、月に13冊の本を書いたり寓話を書いたり人前でカラオケを歌ったりしながら生きています。

もちろん私はいつ死んでもおかしくない。**本書が絶筆になるのは間違いない。**

それでもこのことだけは言いたい。

**ブルシット・ジョブを続けるのは、もうやめよう！**
**グローバル資本主義にとりこまれた人生は、「生きながら死んでいる」ようなもの！**
**生きているなら、真実を見極めよう！**
**生きているなら、自分の意志で「好き」と「嫌い」をはっきり言おう！**
**生きているなら、自分自身の幸せを追求しよう！**

私の生きた証を、本書にすべて書き尽くします。

森永卓郎

2025年1月21日

その後森永卓郎さんは原発不明がんのため、1月28日午後1時33分、ご自宅で逝去されました。

享年67。

謹んでお悔やみ申し上げるとともに、ご冥福をお祈りいたします。


本書は2024年12月に数度のインタビューを繰り返し、多くの資料と原稿を森永さんご自身からご提供いただいたうえで、神山典士が構成・執筆しました。

それ以前から森永さんには、2020年のトカイナカハウス設立時のインタビュー（『トカイナカジャーナル』掲載）や、2022年の拙書『トカイナカに生きる』（文春新書）発刊時の記念パーティーへのご出席など、何度もご縁をいただき、お世話になりました。

本当に最期まで見事な生きざまでした。その遺志をしっかりと引き継いで生きたいと思います。

ありがとうございました。

神山典士

目次

# さらば！グローバル資本主義

## 「東京一極集中経済」からの決別

まえがき〈森永卓郎〉
私が「東京一極集中経済」との決別に踏み切った訳
――「生きながら死んでいる人生」を送るのは、もうやめよう …… 003
これまでの私の日常――ステージ4の宣告を受けるまで 003
「一人社会実験」を決行 005
ストレスなき、免疫力を高める生活 007
満身創痍、末期がんの苦しみとともに 010

## 第1章 グローバル資本主義からの決別
森永卓郎

マルクスも予言できなかった「人口一極集中の限界」

1 「成熟した資本主義」が行き詰まる要因 …… 024

東京一極集中の限界 024
東京都心の異常な「地価バブル」 028
教育費のべらぼうな高騰 029
加速する地方の「不動産格差」 031
個人として「グローバル資本主義からの脱却」を目指す 032
地方の「魅力」と「可能性」 033
〔COLUMN〕資本主義との決別～一人社会実験❶
**私のターニングポイント「因縁の1985年」〈森永卓郎〉** 034

## 2 トカイナカの光と影 037

トカイナカはユートピアではない 037
自分自身の価値観と合わせる 038
〔COLUMN〕資本主義との決別～一人社会実験❷
**私が始めた「小規模・分散」スタイルとは〈森永卓郎〉** 040
太陽光発電でエネルギーの〝自産自消〟を 042
「太陽光発電を邪魔する二人」とは？ 044
農業ほど知的な仕事はない！ 045
「大自然との格闘」「知恵の絞り合い」から生まれる喜び 047

〔COLUMN〕資本主義との決別～一人社会実験❸
マハトマ・ガンディーの思想「スワデーシ・スワラージ」〈森永卓郎〉…050
後期高齢者「運転免許更新制度」の問題点 052
免許を取り上げたら高齢者は地方に住めなくなる 053
赤字の公共交通に補助金を 055
鉄道事業には〝発想の大転換〟が急務 057
鉄道網に必要な「持続可能性」 058

## 第2章 「東京一極集中」は〝人災〟だ

神山典士

「ヒト・モノ・カネ・情報」を中央に集めて、
地方に分散させるシステムへの疑問

なぜ「東京一極集中」がおきるのか？
——〝虚業〟である金融業がのさばる時代 062

日本の特殊性はいかにして生まれたか　064
150年間続く東京一極集中の流れ　065
地方創生を「自分ごと」として捉えない役場職員　067
「人為的」「政策的」につくられた一極集中　069
「カネ」の一極集中システムはどうやって生まれたか　071
「住宅ローン」という大ヒット商品　072
国債は財務省の「打ち出の小槌」　074
「源泉徴収」も国の集金システムである　075
バブル崩壊後の失政が「ひ弱な国」を生んだ　077
情報の一極集中は「払い下げの土地」　078
情報をコントロールする政府　079

〔COLUMN〕**これからの日本の政治を誰に任せるべきか？**…………080
**——この国を救うには〝大胆な政策〟しかない〈森永卓郎〉**

## 第3章 日本の「ターニングポイント」1985年

森永卓郎

「日本衰退本格化」の真実


1 「JAL123便墜落事故」が契機となった日本の没落と日米関係の闇 …… 086

日本のターニングポイントとなった1985年 086

「脅し」によって衰退した日本の半導体産業 088

アメリカの〝パシリ〟から見た日本 090

2 国民を疲弊させる「財政均衡主義」という〝教義〟 …… 093

財務省が国債暴落や超インフレの恐怖を煽っている? 093

ベーシックインカムは実現可能か 094

健康的な生活が送れない都会の若者たち 095

トカイナカには仕事も金もない　097
〈COLUMN〉国から地方への〝通知表〟「特別交付税」の存在……098
――北海道・東川町の場合〈神山典士〉

## 第4章　神山典士
# 日本の弱腰が招いた〝中心市街地空洞化〟
地方における「大規模店舗立地法」制定の弊害

アメリカの外圧に負けて生まれた「大規模店舗立地法」　112
買い物ではなく「滞在する」場所に
――イオンやアウトレットモールの台頭　114
商店街の衰退データ　116
商店街は車社会に対応していない　119
便利だけど貨幣は外に流れていく　121
超大型店の「光と影」　124

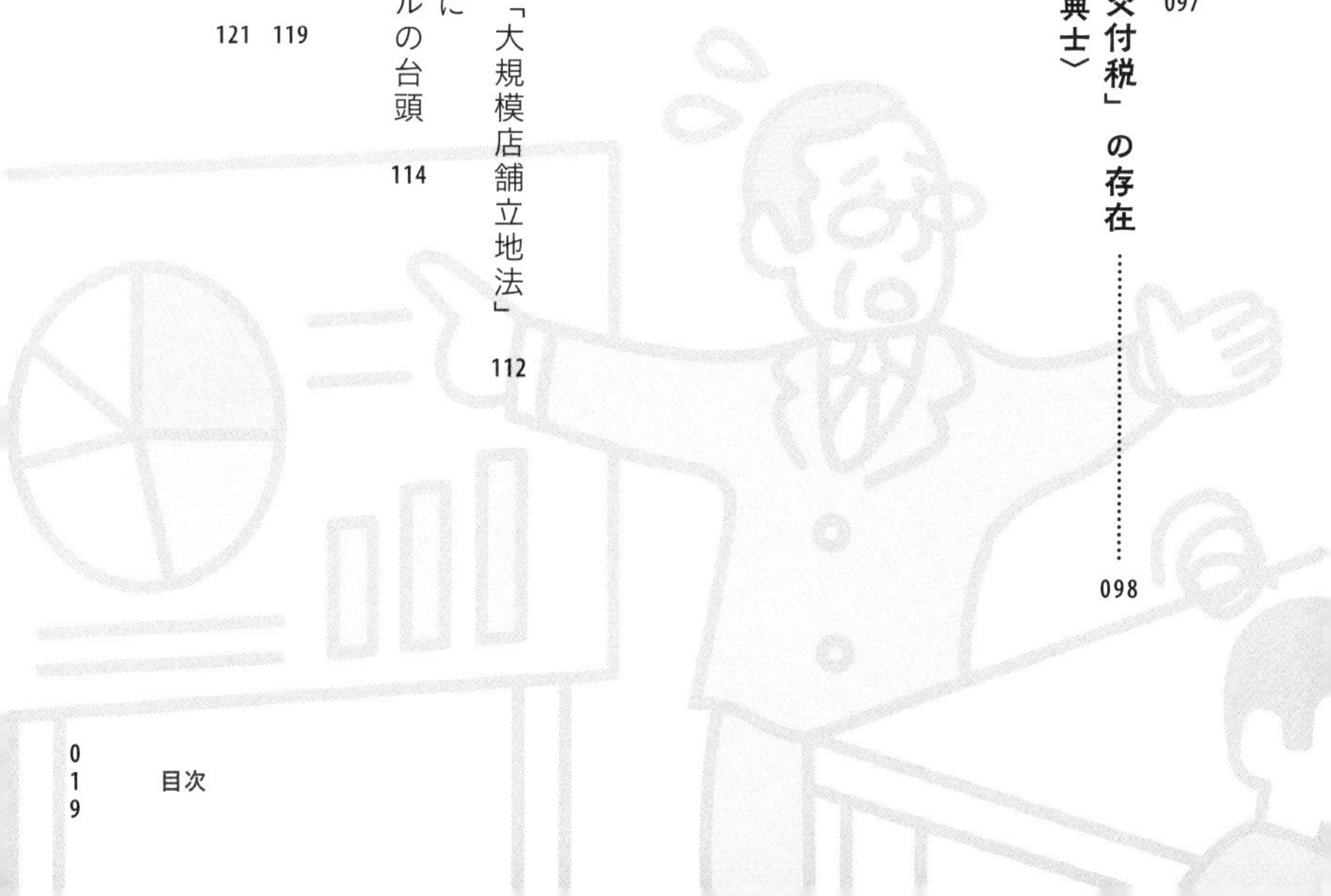

「地方交付税交付金」という矛盾 125
〈COLUMN〉「幸せさがしができる国」を求め〝下り列車〟に乗る
——「トカイナカハウス」での二拠点生活〈神山典士〉 127

# 第5章 好き/嫌いのスイッチを「オン」にして生きる

森永卓郎

重要なのは「自分の幸せのイメージ」があるか

1 「アート」を生み出す創造力こそが、新しいビジネスを創る 140
創造力で新しいビジネスを創る「プロジェッティスタ」 140
「ブルシット・ジョブ」からはアートは生まれない 142
アートに必要な〝たったひとつのこと〟 143
日本に第2の「葛飾北斎」が生まれない訳 145

「暗黒の30年間」から脱出できない日本 147
森永卓郎のクリエイティブの源 148
「スーパー銭湯」と「高度8000メートル」で創造力が湧く 149
「余命宣告」から1年以上延命している訳
——好きなことをやれば、免疫力が上がる？ 150

## 2 「事業承継」「後継者育成」の夢がかなった話 …… 152

〝好き〟が詰まった「B宝館」の隆盛 152
「金食い虫」が「金のなる木」に 154
「グローバル経済」から「マイクロ経済」へ 156
B宝館にみる「マイクロビジネス」 158
ゴミが「アート」に!? 159
「自分自身のフェラーリ」を生むには…… 160

## あとがき〈森永卓郎〉

「つまらない」「勝てない」「かっこ悪い」を捨てろ！
——日本の〝本当の力〟を発揮できるのはそこから …… 162

本気でバットを振れ！ フルスイングしろ！ 163
「要介護3」でもアクティブな毎日 164
後進の育成に心血を注ぐ 166
吉本のNSC式で、本当の力を発揮 167
日本は「つまらない王」になれ！ 169

**モリタクさんからの遺言〈神山典士〉** …… 171
**——日本の〝本当の力〟を発揮できるのはそこから**

〈参考文献〉・〈語句解説〉 179

第1章

森永卓郎

# グローバル資本主義からの決別

マルクスも予言できなかった「人口一極集中の限界」

# 1

# 「成熟した資本主義」が行き詰まる要因

## 東京一極集中の限界

本書で私が主張するのは、東京へ東京へという「一極集中」の流れに逆行して「地方分散型社会」を目指し、地方に生きるという選択。それはたんに生活拠点を郊外に移すということだけではありません。

それは、**現在のこの国と世界を席巻している「グローバル資本主義からの決別」**を意味しています。

私はいまの日本社会の行き詰まり感や閉塞感の元凶は、日本と世界を覆っているグローバル資本主義だと思っている。

だからこの現状を打破するには、**「グローバル資本主義を捨てる」**しかない！

資本主義は、15世紀から17世紀にかけて、ヨーロッパ列強が世界各地の富を搾取した「大航海時代」にできた社会システムとする見方があります。

「資本家＝国王や貴族」が資本を蓄えて労働者（一般市民）を雇用し、大船団を組織して新大陸に乗り出していったのです。

もちろんリスクは大きいですが、見事到着して現地や現地人からさまざまなものを略奪して帰ってくれば、巨万の富を手にすることができます。その一部を労働者に還元しつつ、資本家はさらに大きなビジネスを手がけるのです。

この**「富の収奪と拡大再生産のシステム」**を、19世紀半ばにフランスの社会主義者ルイ・ブランは**「資本主義」**と名付けました。

その後このシステムは、1867年にカール・マルクスの記した**『資本論』**によって**「資本家システム」**と**「資本家生産様式」**として説かれます。

マルクスは資本主義の成熟を緻密に分析して、

## 「資本家が労働者を搾取する」

**「資本家は富を増やし労働者は閉塞状況に追いこまれる」**

ということを、具体的な数字を出して指摘しました。

また、成熟した資本主義がやがて行き詰まる原因として、次の4つの要素があげられます。

**①地球環境が破壊される**

化石エネルギーの大量消費によって大気中の$CO_2$濃度が上昇し、**異常気象を誘発して**世界中を豪雨や鉄砲水などが襲う。

地球温暖化や毎年のようにやってくる大規模な線状降水帯など、これまでにはなかった現象が現れる。

**森林破壊などにより、人類や野生動植物の生活（生態）維持のための環境が壊れる。**

**②許容できないほどの経済格差が広がる**

現在では、**世界人口の1％の最富裕層が全世界の所得の約40％を占めている。**

ＯＥＣＤ（経済協力開発機構）の２０１４年の調査によると、最富裕層10％は最貧層10％の約10倍の所得を得ている。

## ③少子化が止まらなくなる

「壺型」と呼ばれる日本の人口ピラミッド。２０２２年の出生数は80万人を割りこみ、団塊の世代の年間出生数２６０万人台の３分の１以下になった（厚生労働省 ２０２３年２月28日）。

世界的に見ても、**西欧やアジアなどの先進国では、人口を維持するための合計特殊出生率２・08以下の国が続出している**（グローバルノート「世界の合計特殊出生率 国別ランキング・推移」２０２２より）。

下位から、韓国２１１位（０・78）、シンガポール２０６位（１・04）、スペイン２０３位（１・16）、中国２０２位（１・18）、イタリア２００位（１・24）、フィンランド１８９位（１・32）、カナダ１８８位（１・33）、スイス１８２位（１・39）、ロシア１７７位（１・42）、ドイツ１７２位（１・46）、イギリス１５４位（１・57）、ブラジル１４４位（１・63）、アメリカ１３８位（１・67）。ちなみに日本は１９９位（１・26）。

ここにみるように**欧米やアジアの先進国では、いずれも少子化が進んでいる。**

## ④「ブルシット・ジョブ」「シット・ジョブ*」が蔓延する

たとえばAmazonの在庫工場では、労働者はコンピュータに管理されて、商品を棚から持ってくるまでの経路や時間も指示指定されている。

創造性のかけらもなく、ただ肉体と時間を生産性に捧げる仕事が増えている。

現在の日本社会では、すでにこの4点ともに限界値を越えるほど深刻な問題になっています。

## 東京都心の異常な「地価バブル」

そしてもうひとつ、私はここに**「人口の東京一極集中」**の弊害を加えるべきだと考えます。

現状の日本は、東京とそれ以外の都市にくっきり分かれています。その地域間格差は異常な状態です。

東京都心の、ことに利便性の高いエリアや大規模な再開発が行われているエリアでは、地価はバブル状態です。

**2023年の東京23区内の新築マンションの販売価格の平均は1億円を超えました。**

サラリーマンの生涯年収が約2億2303万円といわれるなかで、普通のサラリーマンに買える価格ではありません。

夫婦共稼ぎで高収入の「パワーカップル」か、投資の成功者、親からの遺産継承者でなければ手が出ない価格です。

しかも、このようなコスト高は住宅取得価格だけではありません。

## 教育費のべらぼうな高騰

**都会では、教育費もまたべらぼうに上がっています。**

幼稚園受験に始まり、小学校受験、中学校受験、高校受験（あるいは中高一貫校受験）、大学受験をクリアして志望大学に進むためには、それぞれの年代で有名塾に通わせる必要があります（それ以外にもたいていの子どもは英語教室やスポーツクラブ、絵画教室、バイオリ

---

＊俗にいう3K（きつい・汚い・危険）労働。「ブルシット・ジョブ」「シット・ジョブ」については、巻末の〈語句解説〉（179ページ）も参照。

ンやピアノ教室にも通っています。子どもは本当に忙しい！）。

さらに塾の進度についていけなくなると、家庭教師を頼む家庭もあります。

韓国ではすでに20年も前から、富裕層の母親が小中学生年代の子を連れて英語圏に留学移住して勉強させ、父親は韓国に残って仕送りする**「雁パパ」スタイル**が話題でした。

そのため、かつては「先進国で英語が話せない二大国は日本と韓国」と言われていましたが、**現在では韓国の若者の英語力はハリウッドを席巻するほどの勢い**です。

日本にもこのムーブメントがおきたら、ますます都市生活者の経済は逼迫《ひっぱく》することになります。

東京は、それに打ち勝つ経済力を持ったものだけが住める街。

それ以外の低所得者は、ブルシット・ジョブに一生を捧げながら必死に都会の利便性と「勝ち組幻想」にぶら下がって（依存して）生きていく。

**次の社会を担う人材をつくる教育にこそ、経済格差による教育環境格差があっていいはずがありません。** 富める者の子も貧しき者の子も平等の環境が与えられて切磋琢磨してこそ、明日の日本を支える人材が生まれてきます。

**「高等学校等就学支援金制度」が可決されたとはいえ、良い学校に入るためにはやはり**

**多くの教育投資が必要です。**

それが教育面での人口一極集中の東京の現実なのです。

## 加速する地方の「不動産格差」

一方で、地方の不動産は悲惨な現状です。

地域にもよりますが、都心からほど近い「トカイナカ」と呼ばれるエリアでは、家だけでなく畑や山までついて数百万円の物件がゴロゴロしています。家だけならタダであげる、というケースも少なくありません。

東京から少しでも離れ、主要な駅から少しでも離れると、不動産に値がつかない状況なのです。

私が1985年に購入した所沢の家（34ページコラム参照）の地価は、購入した40年前より現在はやや値下がりしています。それに反して**所沢駅前のタワーマンションは1億円超えもある！**

同じ所沢市内なのに、駅前物件とそこから車で10～15分離れた土地では大きな格差ができているのです。

それがグローバル資本主義にとりこまれた日本の東京首都圏の実態なのです。

## 個人として「グローバル資本主義からの脱却」を目指す

この状況を脱却するには、**グローバル資本主義から抜け出さなければなりません。**

日本社会はグローバル資本主義に取り込まれたままでも、**個人としてはそこから脱却する生き方を模索しなければ幸せな生活はつかめない。**

**そもそも自分の幸せは何なのか？**

**どんな生き方を求めているのか？**

多くの人は、そこから考えないといけないのではないでしょうか。

都市生活者ならばどなたでも、私の主張をご理解いただけるはずです。

## 地方の「魅力」と「可能性」

自分自身の生活をグローバル資本主義から脱するためには、どうすればいいか。

都心から1・5〜2時間圏の「トカイナカ」と呼ばれるエリアをご存知でしょうか？

このエリアに移住すれば、生活コストは想像以上に下げることができます。

経済面だけでなく、**自然に囲まれて生活に潤いを持たせることができ、働き方を変えて生きがいを感じながら生活することもできる**はずです。

子どもの教育に関しても、本書で述べるように私は息子二人を育てた観点から、トカイナカの教育環境に対して何ひとつ不自由や不満足さは感じていません。

それよりも、**成人して社会に出ていったときに必要な非認知能力（生き抜く力、正解のない問題課題に対して自分で検索検証しながら答えを導き出す能力）を身につけるには、10代のころから自然を相手にさまざまな体験ができるトカイナカのほうが教育環境としては勝っている**とすら思います。

東京にこだわり、高い生活コスト（莫大な住宅ローンや教育コストなど）を支払いながら暮らすことが幸せなのか？

そのために夫婦二人でストレスの大きな仕事を死ぬまで続けていくのか？

しかも、それができる人はまだ幸せですが、安い時給で働く低賃金の非正規雇用者までが、なぜ東京にしがみついて生きていくことを選ぶのか？

私はそのことの矛盾と非合理さを説き、私が生活している**トカイナカの魅力と可能性**を本書で読者のみなさんに訴えたいと思います。

COLUMN

森永卓郎

資本主義との決別～一人社会実験❶

## 私のターニングポイント「因縁の１９８５年」

私と「トカイナカ」の出会いは１９８５年でした。

第３章で詳しく述べますが、この年は日本のターニングポイントであり、私の人生のターニングポイントでもあります。

## ▼バブル到来を予測した経済企画庁時代

私は1980年に東京大学を卒業してJT（当時は日本専売公社）に就職。84年から当時の経済企画庁に出向しました。

そこでは総合計画局の労働班に配属されたのですが、まだ自由な時代で、別部署が運用していた経済モデル（将来予測や経済政策の効果を測定するための経済模型）をいじらせてくれたのです。

すると、ある日シミュレーションしていたら、間もなく株価や地価が高騰するという予測データが出てきました。私は「バブルが来る」と確信して、経済企画庁の中で「来るぞ、来るぞ!!」と叫んでいたのです。

ところが、誰も相手にしてくれません。

そこで頭に来たから家を買ってやろうと思ったのです。

でも、当時はある事情があって年収300万円もありませんでした。それでも金利7%の住宅ローンを借りて、所沢に中古の一戸建て物件を2680万円で買ったのです。

## ▼手取りたった「6万円」の生活

もちろん当時は「トカイナカ」なんてこれっぽっちも考えていませんでした。

「一億総農業生活」なんてことにも無縁な生活。このあとテレビの「ニュースステーション」などへも出演することになるのですが、ごく当たり前の猛烈サラリーマンでした。

ところが悲惨だったのは、所沢に家を買った結果、住宅ローンを払うと月々の手取りが6万円を切ってしまった！ どんどん食事のレベルが下がってどん底のときは晩御飯がハムエッグ。おかずが「ひじき」だけの日があったことも覚えています。

その後、上司に「手取り6万円でいつまでも生活できるわけがないだろ」と説教され、シンクタンクを紹介されて88年にJTを退職。三井情報開発（現・三井情報）の総合研究所に転職しました。その結果、いくつものプロジェクトを抱えて残業をしまくって、手取り6万円の生活が月収100万円にまでなったのです。

その後、80年代後半には本当にバブル経済がやってきて、私は「やった！」と快哉を叫びます。所沢の自宅の価格も高騰しました。

「それ見たことか」と自慢したけれど、自宅を売る気はなかったし、結果的に40年経ってみると、2008年以降リーマン・ショックもあって地価は下落。

いまでは私の自宅近くの地価はバブル前と同じ値段に落ち着いています。

## 2 トカイナカの光と影

### トカイナカはユートピアではない

「トカイナカの魅力と可能性」を訴えつつも、**トカイナカは決して「ユートピア」ではないということも語っておく必要があると思います。**

たとえば本書の共著者である神山典士さんが住む埼玉県ときがわ町は、JR八高線が走っているとはいえ、最寄の明覚《みょうかく》駅は上り下りともに1日に20本のみ。たいていは1時間に1本程度です。

池袋、川越、大宮に出るためには乗り換えなければならず、もちろん明覚駅で乗り遅れれば人生が変わるほど大変なことになります。

トカイナカではどこでも、住みはじめると**「隣組」に加入することをすすめられます。**

若い移住者の中には断る人も増えていますが、これに入らないと本当の意味でのトカイナカコミュニティには入れてもらえない。

そうすると年会費もあるし、祭や道普請《みちぶしん》、町内会の集まりや清掃活動など、共同体を支えるための仕事の分担がもれなくついてきます。それらに欠席するときは、なにがしかの現金を包むといった「流儀」も残っているようです。

もちろん**「よそ者」として、周囲の人から「監視」されていることも覚悟しないといけません。**

夜や早朝の騒音、庭木の手入れ、屋敷に沿った道路端の野草の始末、煙突の煙など、あれこれクレームを言われるケースもあります。

**東京の生活になれた人には「人間関係が濃厚すぎる」と感じることも多々あるはず**です。

## 自分自身の価値観と合わせる

正直にいえば、私は都心から1・5〜2時間のいわゆる「トカイナカエリア」がぎりぎり住める限界で、それ以上田舎に住むのは無理だと感じています。

たとえば沖縄の離島に行ったとき、他人が家の中にずかずか入ってくるシーンを目撃しました。その家の主人に断らずに、他人が平気で家の中にまで入ってくるのです。

私の住む所沢界隈でも、家の敷地の中までなら他人が断りなく入ってくることはありません。けれど、さすがに家の中には入ってきません。

また石垣島では、私のファンがいらして食事をしていけというからその人の家に行ったら、わざわざ目の前で鶏をつぶしてくれた。それを見せて、新鮮な料理を食べさせてくれようとしたのです。

私は普段から鶏は食べますが、目の前で殺されるシーンはさすがにダメで、その料理を食べることができませんでした。

このように、**田舎暮らしとはいっても程度があって、その人の人生観に応じて自分自身が快適に住める環境を選ばないといけない**と思います。

私の周囲でも、トカイナカに移住しても何年かして都会に戻ってくる人が3割くらいはいるでしょうか。そういう人たちは、トカイナカを「ユートピア」だと思っていました。でもそこにはギャップがあったのです。

それは気をつけないといけないと思います。

森永卓郎

資本主義との決別〜一人社会実験❷

# 私が始めた「小規模・分散」スタイルとは

1985年のトカイナカでの自宅購入以降、**私はグローバル資本主義の基本理念である「大規模・集中」を捨てて「小規模・分散」の生活スタイルに転換しました。**

**▼仕事を求めて人々が都心へ流出した結果……**

これまで**東京一極集中が進んできたのは、農林業の市場開放によって木材や農産物の価格が下落して、農林業だけでは生活できなくなったから**です。

さらに**第二次産業の工場も海外に移転して、地方での雇用の場も失われてしまいました。**

現代社会では、社会保険料や電気代などの支払いのために、ある程度の現金収入が必要です。ところが農業だけではそれが賄えなくなり、若い人を中心に**東京に出てサラリーマンになる生活スタイルが主流となりました。**

一方、政府がとってきた政策は、農業の担い手に農地を集約して農業基盤を大規模化して、農家の所得を高めることでした。けれどこのやり方では、里山との共存を基本としていた小規模農業の伝統が崩れます。確実に国土が荒廃するのです。

### ▼健康で文化的な「小規模・分散型」スタイル

さらに利益の最大化を目的とした大規模農業では、食の安心・安全を守れる保証がありません。

現にアメリカでは、植物を軒並み枯れさせてしまう非選択性の除草剤を散布して、その除草剤に耐性のある遺伝子組み換え作物を育てています。

そのような食物が安全であるはずがありません。多くの国民が、知らないうちにそういう食物を口にしている可能性があります。

だから、私がトカイナカで実践している「1アールの農地での自給自足」という「小規模化」が、安全・安心の源となるのです。

**人口も東京一極集中ではなく、地方に「分散」したほうが健康的で文化的な生活が営める。**

「**脱グローバル経済**」が、そこで実現されるのです。

## 太陽光発電でエネルギーの〝自産自消〟を

ここ十数年、東北や北陸、九州を毎年のように襲う豪雨、ソウルの洪水、英仏の干ばつなど、「地球がおかしい」と感じている人は少なくないと思います。

その原因の大部分は**「地球温暖化」**です。

人類が長年好きなだけ化石エネルギーを使い倒して、温室効果ガスを排出してきました。**地球はもはや温室効果ガスを受け入れる限界に来ている**と言われています。

地球がこれ以上「悲鳴」をあげないためには、**再生可能エネルギーへの転換が不可欠**です。

水力・風力・地熱バイオマスと再生可能エネルギーはさまざまにありますが、日本の気象条件を考えるとやはり太陽光発電が王道になるでしょう。

ただ、太陽光発電に関しては、全国的に景観破壊が大きな問題になっています。メガソーラーが森林破壊を進めているという批判もあります。

一方で千葉県匝瑳《そうさ》市の「市民エネルギーちば」のように、ソーラーシェアリングで農業と太陽光発電の二軸をしっかりと回しているところもあります。

太陽光発電事業は、国から補助金がもらえるという「利権」に走った開発なのかどうか、しっかりと見極めて環境を守る意識が大切です。

**森林を破壊しないで太陽光発電を進めるには、住宅の屋上に太陽光パネルを設置する方法を使うこと**です。日本ではまだ屋根の利用は1割にすぎない。つまり9割の屋根は空いているのです。

大雑把《おおざっぱ》にいえば、15畳ほどの広さの屋根に太陽光パネルを設置すれば、4キロワットの発電ができます。それだけで普通の家族構成なら1年分の電力消費量に相当します。

太陽光は夜間と冬場は発電量が落ちますから、そのときは電力会社から電気を買わないといけません。けれど蓄電池が用意できれば、それも大幅に減少します。

もちろん読者の興味は環境対策だけでなく、経済面でしょう。

新築住宅等への太陽光発電設備設置等をメーカーに義務づける制度を進めている東京都の小池百合子知事は、毎月の電気代が1万円程度の標準的な戸建て住宅に4キロワットの設備を設置した場合、年間9万3600円の電気代節約になると語っています。

設置費用は98万円程度なので、6年間で元がとれる計算です。

つまり**7年目以降は電気代を負担しなくていいようになる**。もちろん**排出する$CO_2$を**

**劇的に減らしながら**です。

**太陽光パネルの寿命は一般的には30年ほどと言われていますから、トータルで考えても電気代が約半減することになります。**

災害時の電力確保にも大きな威力を発揮するし、原油価格が上昇しても家計に影響が及ばない。トカイナカエリアの一軒家に住めば太陽光発電の恩恵を被ることができます。

## 「太陽光発電を邪魔する二人」とは？

このように太陽光発電はメリットだらけなのに、その普及に前のめりになっているのは東京都だけです。

国は太陽光発電への補助金を廃止しました。これは、太陽光が普及すると損をする「人」が二人いるからです。

ひとりは言わずと知れた電力会社です。

太陽光の普及は電力会社の売り上げ減に直結するし、太陽光の発電は日中に集中するから、電力会社はそれ以外の時間帯に電気を供給する必要が出てきます。そうなると、出力を柔軟に変更できない原子力発電が不要になってしまうという懸念があります。

もうひとりは都会に林立するマンションの住人です。

規模にもよりますが、マンションは住民理事会で可決して屋上にパネルを設置しますが、そこで生まれる電力を全住民で分けたとしても住民全員の必要な電力には遠く及びません。だから太陽光パネルを設置したとしても、多くの電力を電力会社から購入することになる。ところが太陽光発電が普及して電力会社の売り上げが落ちれば、電力会社の販売する電気代は高騰します。するとマンション住民は高い電気代を負担することになる。

だから私は、電力環境の面からもトカイナカの一戸建てに住み、屋根に太陽光パネルを設置して電気を自産自消するスタイルを提唱しているのです。

## 農業ほど知的な仕事はない!

もうひとつ、トカイナカでの大きな魅力のひとつである農業に関しても述べておきましょう。

2024年の春に、静岡県の川勝平太知事（当時）は、入庁式の訓示でこう語って物議を醸しました。

「県庁というのは、別の言葉で言うとシンクタンクです。毎日毎日、野菜を売ったり、あるいは牛の世話をしたり、あるいは物をつくったりということと違って、基本的に皆様方は頭脳、知性の高い方たちです」

いまのコンプライアンス至上主義の時代にあって、この発言はアウトです（その後知事を辞職されました）。

あのとき県民からあがった非難は、「職業差別だ」「職業に貴賤なし」というものだったようですが、トカイナカで農業を実践している身から、私はこう思っていました。

「この人は農業をやったことがないんだな」

実際に農業に従事して少しでも農作物を育てた経験があれば、**農業はいかに知的な仕事か**とわかるはずだからです。

新型コロナウイルスが蔓延した2020年当初、私は前述のようなプロセスで「一人社会実験」として、「どれくらいの面積で畑をやれば4人家族が食べていけるだけの野菜を自給できるか？」という取り組みを始めました。何冊も農業関連の本を読んだのですが、どこにもそれは書いてなかったからです。

そして後にこの取り組みこそが、トカイナカに住んでいる私には最大の喜びをもたらしてくれることになります。

**農業ができ、農作物を収穫できることこそが、トカイナカ暮らしへの神様からの最大のプレゼント**だと感じたからです。

## 「大自然との格闘」「知恵の絞り合い」から生まれる喜び

それはこんなことから始まりました。

コロナが蔓延して都心での仕事が急になくなったとき、私は「このエリアで農業をやりたい」と妻に話しました。

すると、彼女は近所の農家に頼み込んで、とりあえず1アール（100平方メートル）の耕作放棄地を借りてきてくれました。それを鍬一本で耕して、土をつくるところから私の一人農業は始まったのです。

トマト、ミニトマト、ナス、シシトウ、ピーマン、キュウリ、レタス、キャベツ、ネギ、タマネギ、ジャガイモ、サツマイモ、アオナ、トウモロコシなどなど。植えつける野菜の種類はどんどん増えていき、すぐに20種類を超えました。

調子に乗った私はスイカやイチゴ、しまいにはメロンにまで栽培を広げていきました。2年目からは畑の面積も2倍の2アールに。

その結果わかったのは、**1アールもあれば4人家族は十分に自給できる**ということです。

同時に痛感したのは、**農業の底知れない「難しさ」**でした。

作物の栽培は大自然が相手ですから、雨が襲い、風が襲い、病気が襲ってくる。虫や鳥や動物も襲ってくる。それらと闘うためには、柔軟にこちらの作戦を変更して作物を守らなければなりません。

最初にスイカ栽培を始めたとき、収穫直前に軒並みカラスにやられました。カラスはスイカが熟れる時期を正確に判断して狙ってきたのです。

私はスイカにひとつずつU字型の園芸支柱をクロス駆けにして網を張り、クリップで留めました。それでその年は被害が収まったのです。

けれど翌年は、その方法をとってもカラスにやられました。カラスは網の下から頭部を突っ込んで中に入ってきたのです。

それ以降、より強固な防御方法を考える私と進化するカラスとの間の知恵比べは、毎年続いています。カラスの知恵の進化に、「敵ながらあっぱれ」の心境になるときすらあります。

そうした努力を重ねても、私は技術力が高くないので予定通り収穫に結びつけることができる確率は5割程度。

だからこそ、**収穫に至ったときの喜びは大きい**のです。

こうしてみると、**農業こそ「自由と自己責任」の仕事。人類の叡知の結晶の作業**だとも思います。

**トカイナカで生活すれば、この農業を比較的手軽に始めることができます。**

耕作放棄地はいくらでもある。都心のレンタル畑のような高額な賃料は不要です。周囲にはアドバイスしてくれる先輩農民も多い。有機無農薬栽培も行われている。

誰もが大自然と格闘する楽しみを得ることができるのです。

森永卓郎　資本主義との決別〜一人社会実験❸

# マハトマ・ガンディーの思想「スワデーシ・スワラージ」

健康的・文化的な「脱グローバル経済」の実現には、国民＝消費者も考え方を改める必要があります。

## ▼「スワデーシ・スワラージ」とは

かつてインド独立の父マハトマ・ガンディーは**「スワデーシ・スワラージ（国産品愛用・自治独立）」**を唱えました。

海外産の、誰が何の農薬を使って育てたのかわからない農産物を買うのではなく、近くの顔の見える人がつくった作物を食べる。

遠い海外の労働者が劣悪な環境でつくったシャツを着るのではなく、近くの顔の見える人がつくった服を着る。

住宅メーカーが、海外からの輸入材でつくった「どこを切っても金太郎」のような家ではなく、近くの大工さんが地元の森から切り出した木材でつくった家に住む。つまり、**近所の人々とのつながりを重視した「小規模分散型の経済」を提唱した**のです。

そういう「小さな経済」の輪が、グローバル資本主義に汚染されないための防御壁となります。いわば**「地産地消」の考え方**です。

ただし、**グローバル資本主義を完全に否定することは現実問題としては無理**でしょう。

明日から国民全員が地方に移り住み、農業に従事できるわけがありません。一時的にすべての経済活動がストップしてしまうからです。

### ▼現実的な解決策は「マイクロ農業」

そこで現実的な解決策は、従来の日本の兼業農家を守るとともに、多くの国民が何らかの方法で農作業を行い、**「自分の食べ物は自分でつくる」という「マイクロ農業」を普及させる**こと。

神山さんのようにトカイナカに二拠点生活のベースを持って自家菜園を始めてもいいし、私のように近隣に畑を借りてもいい。都心の高層マンションに住んで下界の人を見下ろして優越感に浸るよりも、そのほうがはるかに精神的に豊かな生活が送れます。

私はトカイナカに40年住みながら、**「一億総農業化計画」**を考えています。それが**日本人の生き残る最後の道だ**と信じているからです。

## 後期高齢者「運転免許更新制度」の問題点

もうひとつ、トカイナカ暮らしの重要な問題として、自動車の運転があります。**トカイナカでは、自動車の所有と運転が必須**です。まだ若ければ自転車で移動という方法もありますが（それにしても距離や勾配の限度があります）、高齢者になると買い物も病院通いも都会に向かう鉄道の駅に出るためにも自動車が必要です。

また私のように農業をやっている高齢者は、肥料や収穫物を運んだり農業用水の運搬などに軽トラックは欠かせません。

通院や買い物の難民にならないためにも、自動車の利用は必須なのです。

ところが2020年から75歳以上の後期高齢者の運転免許更新制度が変更されました。

一定の違反歴がある人は、免許更新の際に運転技能検査が課せられることになったのです。対象は、「①信号無視」「②通行区分違反」「③通行帯違反等」「④速度超過」「⑤横断等禁止違反」「⑥踏切不停止等・遮断踏切立入り」「⑦交差点右左折方法違反等」「⑧交差点安全進行義務違反等」「⑨横断歩行者等妨害等」「⑩安全運転義務違反」「⑪携帯電話使用等」。

この11の行為で違反した経験がある人は、運転技能検査を課せられることになっています。警察庁が事前に実験してデータをとった結果では、**後期高齢者のおよそ2割の受検者が不合格になった**そうです。

都市住民よりもトカイナカに住んでいる高齢者のほうが自動車の運転は必須ですから、この制度変更は痛いです。

これは、近年相次いでいる高齢ドライバーの交通事故が社会問題化していることの影響が大きいと思われます。池袋で2019年に母子の命を奪った87歳高齢者（ネット上では上級国民と言われていました）の暴走事故は、読者のみなさんの記憶にも新しいでしょう。

## 免許を取り上げたら高齢者は地方に住めなくなる

けれど冷静にデータを見れば、**高齢者の事故率は意外にも高くない**のです。

警察庁の「交通重傷事故の発生状況」（２０２０年）によると、年齢層別免許保有者10万人あたりの重傷事故件数は、全年齢合計が29件、65〜69歳が28件、70〜74歳が31件、75〜79歳が40件、80〜84歳が44件、85歳以上が61件。

年齢が高まるごとに増えていくことは確かですが、劇的に増加というほどでもありません。

ちなみに16〜19歳は１０３件です。未成年者のほうが運転する時間が長いということもあるでしょうが、高齢者よりも事故をおこす可能性は高い。

20〜24歳も41件で、75〜79歳とほぼ同じレベルです。

高齢になると運動能力は低下しますが、その分運転が慎重になるし運転時間も減るから、それほど大きな事故にはつながらないようです。

印象論としては、高齢者の重大事故は都市部や高速道路などで発生しています。

後期高齢者が都市部や高速道路を運転するのは危険だと思いますが、トカイナカエリアの一般道を走るのとは差があります。

後期高齢者でも、エリアによってはある程度の制限を緩和してもいいのではないでしょうか。

このような法律をつくる役人は都会の人だから、そういう配慮が足りないのかもしれません。

免許を取り上げたら高齢者はトカイナカに住めなくなって、地域の中核市（20～50万人規模）に引っ越さないといけなくなります。それは間違いなく東京一極集中の流れの加速です。そうならないために、**後期高齢者の運転については、条件などを検討する必要があるのではないでしょうか。**

## 赤字の公共交通に補助金を

もうひとつ**トカイナカ暮らしにおいては、公共交通の不足不備欠落が生活の大きなデメリットになっている**ことを痛感します。

たとえば埼玉県ときがわ町では、2つの村が合併してできたため、中心地（役場の第一・第二庁舎や八高線明覚駅があるエリア）が町の東部に位置しています。

そちらには隣町や東武東上線の駅とを結ぶバスの便もあるのですが、6年前から中央から西のエリアには公共バスは走らなくなってしまいました。

このように、公共交通が欠落した自治体は少なくありません。

多くの自治体では、デマンドタクシーなどを用意しています。ときがわ町でも町民でなくても町内はどこまで乗っても1回500円、月額2500円という格安の定期券も用意しています。

けれどやはりバスの足がなくなったエリアの住民たちは、「せめて朝夕2便のバスは復活してほしい」と哀願しています。

なぜならば、バスがなくなると高校生がいる家庭では、毎日朝晩自家用車で最寄りの駅まで送り迎えしなければなりません。高校生にとっても、毎日朝晩親や家族に運転の手間をかけるのは不自由だし、自分の好きな行動をとれません。

人口減少・利用者減少で公共交通も路線の維持が難しいのはわかりますが、これは自治体が、たとえば「地域おこし協力隊」を雇ってカーシェア事業の運転手をさせるとか、さまざまな工夫が必要ではないかと思います。

千葉県いすみ市や埼玉県行田《ぎょうだ》市など、多くの市町では、すでにライドシェアの取り組みが始まっています。北海道の美幌《びほろ》町では、地域おこし協力隊員が公共バスの運転手をしているというケースもあるそうです。

**自治体の積極的な取り組みが絶対に必要**なのです。

## 鉄道事業には〝発想の大転換〟が急務

鉄道に関しても、国は２０２３年10月から、赤字ローカル鉄道の経営改善や存廃などを話し合う**「再構築協議会」**を設けました。これは自治体や鉄道事業者からの要請を受けて国が設置する組織です。

表向きの目的は鉄道会社と自治体が手を携えてローカル線の経営を改善することですが、その実態は、なかなか腰を上げない自治体を国主導で話し合いの場に引っ張り出すこと。当面は、１日当たりの「輸送密度」が１０００人未満の線区を優先して議論を始めることになっています。

私はいまこそ、**トカイナカエリアの鉄道事業に関する発想の大転換をすべき時期にきているる**と思います。

これまで日本の鉄道事業は、収益性の高い大都市や大都市間輸送の収益を地方路線に内部補助することでネットワークを維持してきました。そのため、国や地方自治体からの補助は限定的だったのです。

一方で欧州の鉄道事業をみると、その財源は基本的に国や自治体からの補助金が主体です。

たとえばフランスの都市交通（地下鉄、トラム、バスなど）の運営経費の構成比は、地方目的税の交通負担金が47％、地方一般財源が33％、国からの補助金が3％。運賃収入は17％しかありません（「ＧＡＲＴ都市交通年鑑２０１３年版」より）。

公共交通はもともと収益性の低い事業なので、市場原理では十分な収益は得られないのです。

人口減少で大都市や大都市間輸送でも莫大な収益が期待できなくなっている日本でも、**公共交通の運営は欧州型に切り換えていく必要性が高まっています。**

ただし、新たな補助金制度を創設することは、財務省の緊縮政策下ではなかなか難しいでしょう。

## 鉄道網に必要な「持続可能性」

そこで私が考えるのは、ガソリン1リットル当たり25・1円が課せられている「暫定税率」です。

もともとこの税金は道路特定財源として導入されたものですが、現在は一般財源化しています。これを廃止してガソリン価格を値下げするべきだという意見もありますが、私はこの財源を公共交通の補助に向けたほうがいいと考えます。

理由は2つです。

ひとつは、**運転できない高校生や高齢者にとって公共交通は生活の支えである**こと。

ことに高校生の生活の支えが「親の自動車の運転」であったのでは、高校生たちは不自由で地元の生活への不満が募ります。大学進学とともに都会に出てしまい、ふるさとに帰って来る気になりません。

結果的に外からの移住者はそこそこ入ってくる町でも、肝心の町出身の若者がいなくなるという現象がある。

これでは地方分散型社会の実現は夢遠のいてしまいます。

もうひとつは**温室効果ガス削減**です。そのためには、**自家用車の利用から公共交通に需要をシフトする必要があります**。

なによりも、ガソリンの暫定税率にもとづく収入は1兆円強もあります。

これを公共交通機関への補助金に回せば、鉄道ネットワークの維持に大きな効果を発揮します。自家用車のドライバーも、そのことに文句は言えないはずです。

なぜなら**公共交通を追い詰めた最大の原因は、自家用車の利用拡大**だからです。

鉄道網から自動車道路網へのシフトは時代の流れではありますが、**国全体で最低限の鉄道は確保しないといけない**。私はそう考えています。

# 第2章

神山典士

# 「東京一極集中」は〝人災〟だ

「ヒト・モノ・カネ・情報」を中央に集めて、地方に分散させるシステムへの疑問

## なぜ「東京一極集中」がおきるのか？
## ――〃虚業〃である金融業がのさばる時代

それにしてもなぜ、現代人は東京へ東京へと集まってくるのでしょうか？

まずはそこから考えてみましょう。

現代人が東京へ東京へと集まる理由はさまざまあり、本書でも詳しく語っていきますが、ひとつ大きなことは、**日本がグローバル資本主義を追求した結果、「金融業が経済を支配」してしまっている現状に理由がある**ということです。

金融業が社会を支配すると、本来国内外に無数に存在する町や村といった経済クラスターはごくわずかな経済都市に収斂《しゅうれん》されます。現在世界でも「**金融センター」と呼ばれる大都市は、東京、香港、ニューヨークなど20都市程度しかありません。**

本来ならばもっと多くの金融センターがあってもいいはずなのに、なぜ数少ない大都市に金融センターが集中するのでしょうか？


それは、「金融業」という仕事の特徴にあります。森永卓郎さんは、その特徴をこう教えてくれました。

「金融業は実業ではなく『虚業』です。まともなことをやっても儲からない仕事。人を踏み台にして価値を奪うことで収益をあげるビジネスモデルです。

たとえば『あの会社が上場する』という情報は、本来外に漏れていいものではありません。それが外に漏れて株価に影響したら、インサイダー取引として罰せられます。

けれど実際は、その会社の本社がある大都市にいたほうが、さまざまなルートでその情報を早く手にすることができます。

インターネットを含めてメディアにこの情報は載りませんが、この会社の取引先や関係者の近くにいれば、誰かが『そっと耳元で囁く』情報を手にすることができるのです。

『金融業は詐欺師の集団』といったら言いすぎでしょうが、皮膚感覚の情報を得られるポジションを確保することが、この世界で利益をあげる常套手段なのです」

森永さんが言うように、そういう「耳元で囁く情報」を手に入れるためには、人は大都市に集まることが必要になります。**人口が集中しているところにいないと、金融の世界では一歩も二歩も後れをとることになる**からです。

だから**グローバル資本主義の構造的な要因として、人口の大都市（金融センター）一極**

**集中の生活スタイルになる。**

それが、「東京一極集中」の根本的な理由なのです。

## 日本の特殊性はいかにして生まれたか

ところが、大都市の構造も時代によって変わります。

江戸時代260年間を支配した徳川幕府は、むしろ**江戸には人口を集中させない方針**でした。

江戸の人口については諸説ありますが、町民50万人に武家50万人をあわせて、人口100万人の世界一の都市だったという説があります。一方で、定住人口としては約60万人だったという説もあります。

たしかに江戸時代初期に比べれば、中期以降は庶民生活が豊かになり、人口が増えたことは間違いありません。

けれど、徳川幕府は大きな川には橋をかけない（大井川、富士川など）、各地に関所を置いて江戸に入ってくる人（出る人）をコントロールする（「入り鉄砲に出女」と言われました）

などの制限を設けていました。

つまり、江戸の一極集中を避ける政策を行っていたのです（その結果、大正時代には東京市より大阪市のほうが人口が多い状態が続きました）。

もちろん江戸時代は、各地から藩主（殿様）を筆頭に武士たちを参勤交代で江戸に集めていましたから、一定数の人口は常に江戸で生活していました。江戸時代中期では男女比が6対4ともいわれる男性偏重社会でした。

しかし武士階級は定住人口ではなく、いまでいう「関係人口」のようなものでした。

## 150年間続く東京一極集中の流れ

そして徳川幕府が倒れた**明治維新以降約150年の間に、日本は東京に人が集まるシステムをつくり上げました。**

その理由と詳細、社会に及ぼした影響はあとで述べますが、その結果、現在の日本社会に現れたひとつの特徴は、

**「政治家や官僚のほとんどは東京育ち」**

という現実です。

たとえば直近で首相を務めた安倍晋三氏、岸田文雄氏、石破茂氏の3氏は、それぞれ山口県、広島県、鳥取県の出身で、いずれも中国地方の生まれと思われていますが、3人とも早い段階で東京に住み、東京の高校・大学を卒業しています。里帰りするのは盆暮れ正月だけ。

言ってみれば、東京生まれ東京育ちなのです。

官僚もまた然り。

現在、東京大学に入学する学生の家庭の約4割は年収1000万円以上といわれています。

こういう高所得な家庭は地方よりは都心に多いもの。また進学校や進学塾の環境が整っているのも都心ですから、入学者の56％以上（2022年『サンデー毎日』調べ）は首都圏出身者となっています。

こうして「東京生まれ東京育ち」の政治家や官僚が政界官界に入っていくわけですから、**地方の生活や考え方、悩みの実情を「自分ごと」として捉えることは難しい。**

自分たちの見える範囲で、自分たちの価値観の中で、自分たちの考える「政策」がまかり通っていくのです。

森永さんが第1章で書いたように、結果的に**東京の永田町や霞が関の机上で考えた、地方の実情とはかけ離れた「地方創生策」が行われる**ことになります。

## 地方創生を「自分ごと」として捉えない役場職員

こんな状況ですから、いくら政治家や官僚が中央で考えた政策を押しつけても、地方は変わりません。

むしろ地方の役場職員も町の人も、そういう中央からの「政策」を見切っていて、**自分ごととして地方創生を捉えられていない**。自ら自分の町の長所や特徴を探ろうとしない。横並びの発想しかない。勇気を持って一歩踏み出そうとしない。

たとえば「地域おこし協力隊」の採用状況がそうです。

一方では、北海道の東川町のように約80人も採用している町もあるというのに（98ページコラム参照）、ひとりも採用していないとか1～2人の採用でお茶を濁しているところもある。

そういう自治体の職員に聞くと、「協力隊員の3年後の定着率に課題がある。定着ができないならば採用しないほうがいい」と言います。ところが、それを理由に1～2人の採用では、定着率は0（%）か50か100かの博打になります。

東川町では、定着率は4割を切っていますが、それでも年間30人以上は移住定住することになります。毎年これだけの社会増ができるなら、積極採用したほうがいいに決まっています。

しかもこれだけ協力隊員を採用することで（彼ら彼女らは住民票を移して「住民」となりますから）、地方交付税交付金は1人あたり20万円増額されるので、80人で1600万円にもなります。東川町ではこの「戦力」を生かして幾多のプロジェクトを活況に行い、総務省から出る特別交付税交付金は増額されて、その他の補助金助成金も含めて年間予算は160億円を越しています。

これは**人口当たりの平均的な自治体の年間予算の約3倍**に当たります。

そういう**知恵と学びとアクションができる自治体とできない自治体がある結果、できない地方自治体はますます疲弊スパイラルに陥っていく**。

何の学びも工夫も努力もしない地方自治体の公務員は、黙っていても入ってくる地方交付税交付金を、ただ口を開けて待っているだけ。

それが日本の喫緊の課題といわれて久しい、「地方創生」の現状といえるでしょう。

## 「人為的」「政策的」につくられた一極集中

さらに歴史を繙《ひもと》いてみましょう。

この本が出る２０２５年は「昭和１００年」なので、**この1世紀の間に日本という国がいかに人為的な政策で「ヒト・モノ・カネ・情報」の一極集中政策を進めてきたか**を振り返ってみます。

たとえば「ヒト」。

地方の「人」を東京に集める最大の政策は、１９５４年がスタートと言われる（諸説あり）**「集団就職列車」**の運行です。

これは戦後の復興を狙って、当時「金の卵」と言われた全国の地方の中学高校の卒業生たちを列車に乗せて、東京へ、名古屋へ、大阪へと走らせたものです。もちろん京葉工業地帯と首都機能を持っていた東京が一番多くの金の卵を受け入れました。

よく昭和期を描いた映画（たとえば『ＡＬＷＡＹＳ　三丁目の夕日』）でも描かれていますが、

「上り列車」の終着駅には当時都市部にできた第二次産業の工場の人事担当者や、家族経営が多かった個人商店や飲食店の経営者が旗を立てて待っていました。

夜汽車に乗って田舎から来る若者たちを自社に導いて、若者たちはそこから未来永劫永遠に続く「サラリーマン生活」を始めたのです。

この毎年大量に地方からやって来るサラリーマン層こそ、あとで述べるように国を潤わせる**「打ち出の小槌《こづち》」**だったのです。

高度成長期（1960〜70年代半ばまで）には、大量の中学・高校の卒業生が大都市部に移動したことで、なんと三大都市圏（東京、名古屋、大阪）の転入超過人数の合計は年間40万人から60万人と言われました。

つまり、現在の鳥取県や島根県の人口が1年間でそっくり都市部に流入したのです。

その若者たちがやがて20代半ばになると、次々と職場結婚をして子どもを産むのですから、首都圏は人口増加の一途をたどりました。

この**「集団就職列車」は1975年まで、なんと20年間も続きました。これが人口の東京一極集中の基盤となりました。**

## 「カネ」の一極集中システムはどうやって生まれたか

そしてここで忘れてはならないのは、この都会に出てきたサラリーマン層を利用して**「お金の一極集中」システムも生まれた**ことです。

それは、昭和25年（1950年）に設立され、持ち家階層向けの住宅建設用に長期固定低利で資金を融資していた「住宅金融公庫（のちに「住宅金融支援機構」に業務引き継ぎ）」と、昭和30年（1955年）に設立された**「日本住宅公団（のちの「独立行政法人都市再生機構」）」**の存在です。

第二次世界大戦の敗戦後、全国で420万戸と言われた住宅不足はなかなか解消されずに、昭和30年の時点でも270万戸の住宅が不足していたといわれます。

しかも大都市部では、金の卵の集団就職で毎年60万人がやってきて結婚して家庭を持つのですから、ますます住宅は不足していきます。そこで住宅公団は、勤労者向けの住宅として、公営住宅層と公庫融資対象の持ち家層の中間の層を対象とした家を建てました。

私が少年時代を過ごした1960〜70年代には、1階に商店が入って2階以上が住宅になっている高層住宅（まだ「マンション」という言葉はなく「アパート」と呼ばれていました）、通称「ゲタバキ住宅」が市街地にはよく見られました。東京都板橋区にある「高島平団地」などはこのパターンです（いまは建て替え期に入っています）。

このとき生まれたのが「ダイニングキッチン」という和製英語でした。新しい生活提案として、「食事のできる台所」を持つプランを積極的に導入したといわれています。

## 「住宅ローン」という大ヒット商品

そしてここで忘れてならないのは、庶民にマイホームブームを煽《あお》ってこの時期（1970年代後半）に生まれた**「住宅ローン」**です。

住宅ローンらしきものは1896年に安田財閥の創始者・安田善次郎氏によって開始されていましたが、日本の民間金融機関（銀行、信組、信用金庫）では、個人向けのサービスは貯金業務しかありませんでした。銀行が融資対象としていた個人は、企業の役職者や実業家、専門職、公務員などある程度の地位と安定収入がある層のみでした。

だから**自宅を買おう、建てようとする個人は、自己資金を持っている人か親族から資金**

**援助や贈与を受けられる層しかいなかった**のです。

ただその後、阪急電鉄や宝塚大劇場・歌劇団の創設者である実業家・小林一三《いちぞう》氏は、その前進の「箕面《みのお》有馬電気軌道（現在の阪急宝塚線）」を1907年に設立したときに、その沿線部の付加価値を高めるために、**土地付き住宅の月賦販売**を行いました。

資産家だけでなく中間層（労働者層）にも家を買える制度をつくったのです。

この施策はシナジー効果で鉄道利用者の増加も呼び込んで、大成功を収めたといわれています。

鉄道事業という本業以外に、阪急百貨店や宝塚歌劇団などの経営にも乗り出した「経営の神様」は、後に**「住宅ローン」と呼ばれるヒット商品の原型**を生んでいたわけです。

一方、**国は1950年には特殊法人「住宅金融公庫」を設立し、一般の国民（労働者）が住宅を建設するための「公庫融資」を行いました。**

これは25年超の長期間固定金利で民間の金融機関よりも低金利でした。

だから2002年に小泉政権が「行政改革」で実質廃止にするまで、「公庫融資」という制度は約半世紀にわたって庶民の「マイホーム」取得の切り札だったのです。

ここで言いたいのは、毎年60万人の「金の卵」が首都圏にやってきた50年代から約半世紀にわたって、戦後270万戸が足りないと言われた「マイホーム取得」の大ブームがおきたこと。

そしてその資金源として、「住宅ローン」という大ヒット商品が生まれたことです。

ほかの商品と違い、住宅は価格が大きく、融資を受けたサラリーマンは約25年間もずーっと毎月一定金額を金融機関に返済していきます。誰もが自宅を手放したくはないですから、金融機関としては「とりっぱぐれ」のない安定融資といえます。

金利が高いときなら25年間の返済総額は、取得価格の2倍近くになったはず。

**金融機関にとってはまさに理想の「巨大集金システム」であり、日本中の「住宅取得資金」が中央に集まった**のです。

## 国債は財務省の「打ち出の小槌」

そしてそこで集めたお金は、政府から全金融機関に「国債」の買い取りノルマが課せられて、当時の大蔵省、現在は財務省が吸い上げていきます。

これまた国にとっては大きな集金システムです。赤字国債は東京オリンピック翌年の1965年の補正予算から毎年発行されて、年々その額は膨らんでいきます。

そして森永さんが言うように「自国通貨建ての借金だから、いくら国債を発行しても問題ない」という理屈ですから、国はじゃぶじゃぶお金を使える。

「国は」というよりも、財務省やほかの省庁は、多くの国民からまきあげた**住宅ローンを基盤とする「国債」を発行しつづけることで、ある意味で「打ち出の小槌」を持っている**のです。

## 「源泉徴収」も国の集金システムである

住宅ローンのほかにも、「国の集金システム」はまだあります。

それは全サラリーマンやフリーランサーが対象となる**「源泉徴収制度」**です。

サラリーマンに対しては給与の支払い時に、フリーランサーに対してはギャランティーの支払い時に徴税するこのシステム。

戦後GHQ（連合国軍最高司令官総司令部）の要請を受けてアメリカからやってきたシャウプ使節団からは、「廃止しろ」と言われています（シャウプ勧告）。アメリカではサラリーマンも家庭の主婦も、全員が確定申告をして税額を計算して納税するからです。

けれど当時の大蔵省の役人は、第二次世界大戦を支えた「戦時国債」に代わる「源泉徴収」制度をがんとして手放さなかったといいます。

この制度は、アメリカやイギリス、ドイツなどの「源泉徴収」とは異なります。日本における年末調整のように、最終的な税額の決定まで徴収義務者に負わせている国は少数です。源泉徴収があるために**「サラリーマンは確定申告をしないでいい」**ということになったのです。

けれどそれは、決してサラリーマンのためのものではなく、**国にとっての巨大な集金システム**でした。

むしろ税金をいくら取られているかわからない、そしてわからないままに税金を漏れなく集めることができる、国の「集金のための秘策」なのです。

**「住宅ローン」**と**「源泉徴収」**。

**この2つが戦後の日本の巨大集金システムの柱となりました。**

**国は、全国民から集めた金を一度中央（霞が関）に集約して、それをシャワー効果で地方に振りまいていく。**

このシステムがあったから、**日本は第二次世界大戦敗戦の焼け跡からいち早く復興することができたし**、高度経済成長が発生したのも**「ジャパン・アズ・ナンバー1」と言われたバブル経済が生まれたのも、このシステムのおかげ**です。

だから戦後の日本経済の成長は、この「お金を中央に集める仕組み」があったことが最大の理由なのです。

## バブル崩壊後の失政が「ひ弱な国」を生んだ

この経済政策は、１９８０年代末期のバブル景気あたりまでは有効でした。「人と金を中央に集めるシステム」の効果が見事に発揮されていました。そのために世界の中でも日本経済は勢いを持っていたのです。

ところがバブル崩壊後は、小泉内閣、ことに小泉首相が重用した竹中平蔵氏によって不良債権処理が断行されて、いくつかの銀行がつぶされていきました。

森永さんがほかの著書で書いているように、「地価が下がったことで不良債権が生まれても、そのまま放っておいたら地価はもとに戻って不良債権も普通の債権に戻るのに、その処理を急いだために日本の金融界がぼろぼろになった」のです。

この間、不良債権処理で潰れた会社のサラリーマンは失業して、再就職が難しくなりました。そこで非正規社員が爆発的に増えたのです。

その失政の影響がその後、30～40年も続いて、現在の**「経済成長なき、ひ弱な日本」**が生まれたといってもいいでしょう。

## 情報の一極集中は「払い下げの土地」

もうひとつ、**「情報の一極集中」**も見ておきましょう。

このことは、NHKを含めた民放各局の本社の立地と、新聞各紙の本社の立地をみれば一目瞭然です。

放送界では、NHKは渋谷区、日本テレビはかつては千代田区麹町（現在は港区東新橋）、TBSは港区赤坂、フジテレビはかつては新宿区河田町（現在は港区台場）、テレビ朝日は港区六本木（かつての毛利甲斐守邸跡）、テレビ東京も港区六本木です。

つまり、いわゆる**キー局と言われるテレビ情報の総本山の所在地は渋谷区、千代田区、港区、新宿区の4つしかない。**

大手新聞社の所在地は、読売新聞が千代田区大手町、朝日新聞は中央区築地（本店は大阪府大阪市北区中之島）、毎日新聞は千代田区一ツ橋、産経新聞は千代田区大手町、日本経済新聞も千代田区大手町。このように、大新聞の本社機能は（朝日新聞だけは本店が大阪ですが）、千代田区と中央区の2つしかありません。

これは、**明らかに政府が国有地を払い下げて「情報の首都一極集中」を狙った証拠**です。

## 情報をコントロールする政府

たとえば毎日新聞の本社地を歴代で調べてみると、その前身となる創刊時の「東京日日新聞」は、現在の台東区柳橋に置かれていました。

それが東京府日本橋元大坂町→東京府浅草瓦町→東京府銀座二丁目→東京市京橋区尾張町→麹町区有楽町、そして毎日新聞となって、昭和41年（終戦21年）に千代田区一ツ橋に移転するのです。

このように、時の政府は**情報機関の中心になった新聞テレビ各社を都心の中心部の、わずか数区において情報をコントロールしようとしていました。**そして全国には「地方局」や「支局」を置くのですが、職員（記者やディレクターたち）はみな本社の意向ばかりを見て、中央向きの情報発信ばかりをしてきました。

それが戦後の情報の一極集中のあり方だったと言っていいでしょう。

こうして見ていくと、**戦後の「ヒト・モノ・カネ・情報」の東京一極集中は政府が人為的につくりだしたもの**だといえるでしょう。

だから、これからの政府が**その真逆の政策をとれば、人口の流れを逆転させることができる**のです。

いまの石破内閣に、その勇気と知恵があるか？

石破氏がどこまでトランプのように自説を通すことができるか――それが試されているところなのです。



森永卓郎

## これからの日本の政治を誰に任せるべきか？

### ――この国を救うには〝大胆な政策〟しかない

地方創生を本格的に進めるにあたって、私が本当に期待しているのは石破総理ではなく、2011年から23年まで、途中一度自ら辞職するが再当選して明石市長を務めた**泉房穂氏**です。

### ▼政治が本当にやるべきことは、「やってから財源を考える」

彼は兵庫県の生まれで生家は蛸漁師。弟が障害者で差別された実体験も持っています。「貧乏と差別」という実情がすごくよくわかっている人なのです。

彼はいま、この国を根本的に刷新しようとしています。すごくまっとうな考え方だと思います。

彼とは『ザイム真理教と闘う！ 救民内閣構想』（ビジネス社、2024年）という共著本を出したのですが、その前からいろいろ話していてその思想は理解していました。

年齢は私の6歳下ですが大学も同窓の東京大学だし、大学当局とも闘っていました。幼少期の体験から、権力に対して立ち向かう「度胸と勇気」がある人です。もちろん国会議員も務めた弁護士でもあり、優秀な人ですし、いろいろ斬新なアイデアを持っています。

明石市長のときはあらゆる政策に対して**「市民のために何が必要か？」ということ**

**を最初に考えて、財源はあとから考えるというやり方を徹底していました。**

子育て支援が有名ですが、それだけではなく、ありとあらゆる政策を「やらなければならないことだったら財源はあとからついてくる」というやり方で実現させていたのです。

## ▼苦学生の学費を自治体が支払うという判断

私が感動したのは、コロナ禍での政策でした。

あのときは親が自営業の学生が、コロナ禍で生活が困窮して学費が払えないというケースが多く、私のゼミでもひとり「学費が払えないので退学します」と言ってくる学生がいました。

その子は本当に優秀な学生だったので、私はなんとか大学に残ってほしいと思いました。立派に卒業したら必ず社会のために働いてくれると思ったのです。

だから一瞬私の中で、「残りの学費はオレが出せばいいか？」という考えが頭をよぎりました。ところが周囲に相談したら、「絶対にやめてくれ」と止められたのです。

なぜなら、そんなことをしたら同じ事情を抱えた子がたくさんいるんだから、たまたまその子だけに森永さんがえこひいきして学費を支払ったら大変な問題になる。だからやめてくれ、と。

私は悩みましたが、大学事務局から「そんなことはやめて」と説得され、私も全部の学生の学費は払えないからと、泣く泣くその子の支援は諦めました。

そうしたら、その子は大学を中退していきました。

いまは立派に社会人になってバリバリ働いているから問題はないのですが、そのことは私の中ではコロナ禍の傷として残っています。


ところが泉さんとの対談のときにそのことを話したら、彼は「オレはやったぞ」と言う。聞けば、**コロナ禍で経済的に困窮した学生全員に明石市が学費を全部立て替えた**というのです。

つまり泉さんは、**政治がやるべきこと、やらないといけないことは財源を考える前にやって、それから財源を考える。**その姿勢が貫かれています。

地方創生もそれくらいの覚悟でやらないと、明治維新から150年余にわたり続いてきた「地方から東京へ」の人の流れもお金の流れも変わらないでしょう。

やるべきことは何があってもやる。ひとまず財源を考えないでやる。

**地方創生は待ったなしですから、それを石破内閣ができるか否かにかかっています。**

第3章

森永卓郎

# 日本の「ターニングポイント」1985年

「日本衰退本格化」の真実

# 1 「JAL123便墜落事故」が契機となった日本の没落と日米関係の闇

## 日本のターニングポイントとなった1985年

私は1985年こそが、日本とアメリカの関係における大きなターニングポイントだと考えています。

この年に「JAL123便」の御《お》巣《す》鷹山《たかやま》墜落事故がおこりました。

（これについての私の詳しい見解は、すでに拙書『マンガ 誰も書かない「真実」日航123便はなぜ墜落したのか』（宝島社、2024年）や『書いてはいけない――日本経済墜落の真相』（三五館シンシャ／フォレスト出版、2024年）などに書いていますので、ここでは割愛します。そちらをご覧ください）

一言でいえば、

「後の調査で、垂直尾翼の整備不良が原因と発表されましたが、多くの目撃証言を総合すると、真相はまったく違う」

ということ。

そしてその真実を隠すために、日米政府が画策して、結果的にボーイング社が責任をとって「整備不良」と発表したと私は考えています。

ここで大きな「貸し」を日本政府につくったアメリカ政府は、このあとの外交交渉で日本に対して次々と不利な条約を押しつけてくるようになったのです。

事件の翌月に結ばれた**「プラザ合意」**が最初のそれであり、その後行われた日米半導体交渉も、その影響で日本は圧倒的に不利な条件を飲まされました。

**「プラザ合意」とは、1985年9月にニューヨークのプラザホテルで行われたG5の大蔵大臣（当時、米国は財務長官）と中央銀行総裁が合意した、為替レートの安定化策を指します。**

各国の外国為替市場の協調介入により、ドル高を是正してアメリカの貿易赤字を削減することと、アメリカの輸出競争力を高める狙いもありました。

その結果、極端な円高がもたらされ、日本は円高不況に突入しました。

その後、バブル期（１９８０年代後半～90年まで）を経て、**日本の安定成長が失われた大きなきっかけになったのが、このプラザ合意だった**のです。

## 「脅し」によって衰退した日本の半導体産業

その後、86年には**「日米半導体協定」**ができました。

**日航機事故から約1年後、半導体に対する日米貿易摩擦を解決する目的で締結された条約です。**

この協定によって、81年当時は世界の半導体市場のシェア70%を誇っていた日本の半導体産業が、90年代以降急激に競争力を失っていきました。

それまでは、86年の世界の半導体売り上げランキングにおいて、世界1位がＮＥＣ、２位が東芝、３位が日立製作所と、上位3位までを日本企業が独占しています。さらに7位が富士通、９位が松下電子工業、10位が三菱電機と、いまから考えれば嘘のようですが、日本企業が世界の半導体市場を席巻していたのです。

アメリカはこれに対して、

「日本市場の閉鎖性によって対日輸出が増加しないことが原因だ」

と主張しました。

そして日本政府との交渉において、スーパー301条（貿易相手国の不公平な取引慣行に対して協議を義務づけ、問題が解決しない場合は制裁することを定めた条項）の発動を、半ば「脅し」として使ったのです。


**もともとアメリカは、半導体製造を軍事政策のひとつと考えていました。**

だから自国の半導体産業の苦境を防衛問題と認識していて、日本企業の独占に対して態度を硬化させたのです。

ミサイル、コンピュータ、人工衛星などの製造には半導体部品は必須不可欠です。それらがすべて日本製になることに、アメリカは軍事上の脅威を感じたのです。

だからこの交渉において強い態度に出て、日本側をたじたじとさせました。

その結果、**日本の半導体業界は急激に萎み、2019年には世界のシェア1割にまで落ち込むほどに衰退**しました。その理由は、この「日米半導体協定」にあったのです。

さらに1993年には、宮澤喜一総理とクリントン大統領の間で、**「年次改革要望書」**の枠組が決められました。それ以降、2009年の民主党政権鳩山内閣で廃止されるまで、**日本の経済政策はすべてアメリカの思惑通りに行われていた**のです。

それらはすべて、1985年の「JAL123便墜落の理由」に遠因がありました。

そして**ボーイング社は、その後着々と日本でのシェアを高めていき、いまでは中型機以上ではほぼ独占状態となっています。**

これは明らかに日本政府の後ろだてがあったからでしょう。

## アメリカの〝パシリ〟から見た日本

この時代、私には強烈な思い出があります。

1989年に「日米構造協議」が始まったとき、私は32歳、経済産業省に出入りする荷物運搬係、いわゆるメッセンジャーでした。

JT（当時は日本たばこ産業）の社員で、経済産業省の役人に「使い走りの小僧」のようにこき使われていたのです。

協議の場にいくと、アメリカ側にも同じような〝パシリ〟がいました。何かのときにその人と話したことがあります。

アメリカのパシリが、私にこう聞いてきました。

「ここで行われているのは外交交渉なのに、なんで日本の政府はアメリカの要求を丸飲みしているんだ？」

その質問に、当時の私は答えられませんでした。

つまりアメリカ側の小僧から見ても不思議なほどに、**日本政府はアメリカ政府の意見を丸ごと聞いていた**、それほど弱い立場だったということです。

敗戦国となった１９４５年当時なら、もちろん話はわかります。

このときはそれから44年も経ち、経済的には日本はバブル経済期にあってニューヨークのビルをまるごと買い取るほどの勢いがありました。

けれど**政府間交渉では、まったくの弱腰だった**のです。

いまなら、その理由はわかります。

すべては１９８５年の日航機墜落「事件」から始まっていたのだ、と。

２０２４年の年頭に、共著『遺言』（宝島社、２０２４年）を出すために対談した岸博幸氏（元通商産業省官僚、小泉内閣時代に経済財政政策担当大臣だった竹中平蔵氏の大臣補佐官）は、

**「プラザ合意と貿易摩擦のときは、アメリカが本気で日本を潰しにきたと感じた。**それに対して日本政府はびびっていた」

と語っていましたが、そのびびりの原因は「日航機墜落事件」にあったのです。

岸さんは、

「外務省がアメリカに対して非常にへりくだっていた」

とも語りましたが、外務省がお公家様のような外交を続けたことも、対米従属路線を決定づける理由だったと思います。

アメリカは、JAL123便の墜落理由としてボーイング社の整備不良という「小さな首」を差し出しただけで、その後の日本の経済政策すべてを思い通りにしたのです。

その後、**アメリカの半導体業界は躍進**し、次の章で神山さんが述べるように、**巨大チェーン店の日本進出も容易にしました。**そのことで**日本の地方都市は一様に「中心市街地の衰退」を招くことになった**のです。

**1985年はそういう「日本凋落の節目の年」として記憶されるべきだ**と私は考えています。

## 2 国民を疲弊させる「財政均衡主義」という〝教義〟

### 財務省が国債暴落や超インフレの恐怖を煽っている？

私はコロナ禍のもとにあった4年間の日本経済をじっくり観察して、

**「毎年赤字国債を60兆円から80兆円出しつづけても日本経済はびくともしない。超インフレもおきないし財政破綻もない」**

と言いつづけています。

**現在の日本経済を家庭にたとえると、家計簿は超赤字状態です。**

財務省は盛んに「累積した財政赤字は1105兆円（令和6年度末見込み）」もあると訴え、「将来の子孫に負担をかけないために減税はできない」と、「財政均衡主義」を唱えつづけています。

こういう状況のときは、たいてい企業が資金不足になるものです。

家庭が銀行に預けたお金を企業が銀行から借りて、設備投資をする。それが経済学のセオリーです。


ところがいまの状況は、**企業にも金があまっているのに、内部留保に専念して投資をしない。社員の給料にも反映しない。**

その結果政府も黒字になる。となると、**国内で有りあまった金は海外に流れていく。**

これで経済がよくなるはずがない、という状況です。

本来なら、企業と家庭であまらせたお金を政府が吸収して投資しないといけません。

どこまでやるとハイパーインフレになるのか――それを試してみるときでもあります。

## ベーシックインカムは実現可能か

正確な数字は経済の専門家によっても諸説ありますが、**多くの経済学者は「年間30兆円の赤字国債発行ならばまったく問題ない」と語っています。**

私は「年間100兆円でも大丈夫だ」と思っています。なぜならコロナが広がった

２０２０年度には、年間約80兆円の「コロナ予算」をしてもびくともしなかったのですから。

これだけの資金的な余裕があれば、消費税は全廃しても、全国民１人当たり５〜６万円のベーシックインカムは出せます。

ベーシックインカムは、これまでに世界各国で実験されてきました。

その経済実験の結果は、

**「ベーシックインカムを導入しても、労働意欲は衰えない」**。

**むしろ安定収入ができて「ブルシット・ジョブを辞められる」方向になるから、多くの人が幸せになるはずです。**

くだらない仕事を辞めて、前述のように多くのメリットがある「トカイナカ生活」に飛び込めるし、飛び込むべきです。

## 健康的な生活が送れない都会の若者たち

現状では、都内23区の利便性のいいエリアでは、信じられないことに３畳とか４畳半程度の、人ひとりが生活するのに最低限の広さのワンルームマンションの家賃が7～8万円もします。

初任給が（最近では上昇傾向にありますが）手取りで20万円程度（中小零細企業、非正規雇用）の若者にとって、それは大変な出費です。

そんな小さな部屋で生活するために、若者は冷蔵庫も買わずに近くのコンビニを冷蔵庫がわりにしている。そのためにまた食費がかさむし、コンビニ弁当ばかりで野菜やビタミン不足になる。

そして**不健康な生活を続けながら早朝から深夜まで、やりがいのないくだらない（ブルシット・ジョブ）仕事で会社や現場に縛りつけられる**のです。

それでもiPhoneを買えば2年分割払い契約などとなる。

友達と飲みに行けば都会の高い酒代を払わないといけない。

たまの休日にデートすれば（彼女彼氏がいるならばまだましですが）、高い食費、交通費、入園料などを払わないといけない。

おちおちデートもできません。

だから**若者たちの結婚率は下がる一方で、結婚しないから出産もない。2023年の出生数はついに80万人を割りました。**戦後のベビーブームのときの約3分の1です。

これでは日本の人口減少の下り坂曲線も急角度になる一方で、ゆるまることも期待できません。

## トカイナカには仕事も金もない

とはいえ、これまではトカイナカと呼ばれる都心から1・5時間から2時間の中山間などのエリアに住むと「仕事がない」と言われていました。

コロナ禍をきっかけに「リモートワーク」が普及し、以前に比べたら若干条件はよくなって、毎日出社しなくてもいいビジネスパーソンが増えました。

それでもコロナ禍が明けると「揺り戻し」がきて、リモートワークが許されるのは週に3日だけとか、完全リアル出社という会社も増えています。これでは都会から離れられない。**一度はトカイナカに引っ越したけれど、また都会に戻らないといけない。**

そんな若者が増える一方です。

またトカイナカ生活に踏み出しても、現金を出して買わなければいけない食物や生活必需品もあります。

税金や社会保険料なども考えたら、やはり家族で10万円程度のお金はかかるでしょう。これだけの現金を稼ぐ「生業《なりわい》」がないと、人はトカイナカに生活できません。

その状況を考えたら、**これを一挙に解決するのは「ベーシックインカム」の導入しかない**。

毎月5万円の支給があったら4人家族で20万円。6万円の支給なら毎月24万円。

これだけあればトカイナカならば生活できるし、多くの若者たちが都会を捨てて「トカイナカ生活」に飛び込めます。

そして前述のように**生きがいを取り戻して、人間らしい生活ができる**のです。

COLUMN

**神山典士**

## 国から地方への〝通知表〟「特別交付税」の存在

### ――北海道・東川町の場合

北海道大雪山系の麓にある東川町。

私は「**地域おこし協力隊**」の取材でここを訪れました。

出迎えてくれた企画総務課企画財政室財政担当者は、「質問の前に、まずは町の予算規模を見てください」と、一通の資料を持ってきてくれました。

「地域おこし協力隊を80人も委嘱しているのは事実ですが、注目してほしいのは我が町の財政規模です」

そこには人口と町の「一般会計予算」の推移が書かれていました。

東川町は人口8600人、それに対して、令和6年（2024年）度の一般会計予算は「166億円」。

「東川町は、平成11年から全国的に進められた市町村合併、いわゆる『平成の大合併』の中で、平成15年に合併しない道を選びました。この決断は、『このまま黙っていたらいずれ町は消滅してしまうかもしれない』という強い危機感を生み、さまざまなチャレンジを行う風土を育むきっかけとなりました。当時といまを比較すると、平成15年度の予算額は約44億円。それが令和6年度は約166億円と3・8倍の規模となりました。これは**東川町がいろいろなことに挑戦し、財源確保に努めてきた結果**だと考えています」

担当者はそう言って胸を張りました。

## ▼全国有数の協力隊員数を誇る理由

東川町は、全国有数の地域おこし協力隊員数を誇っています。もう何年にもわたって、採用数は全国のベスト10に入っていて、令和5年（2023年）度は76人、令和6年（2024年）度も80人で、いずれも全国トップです。それに対して、私が住む埼玉県ときがわ町は令和5年時点で2人、隣の越生《おごせ》町も3人しか採用していません。協力隊員は全国で7200人、全国には約1700の市町村がありますから、平均は4・2人です。

なぜ東川町はこんなにも協力隊員を採用できるのか？ その隊員たちはどんな活動をしているのか？

協力隊の募集条件の中に「3年の任期が終わったらその市町村に定住することが望ましい」という規定があります（と、取材に行く前は役場の担当者に聞かされていました）。ときがわ町や越生町の担当者は、それが難しいから採用に二の足を踏む、とも言っていました。

ならば、東川町の定着率はどれくらいなのか――それらを知りたいと思ってここを訪ねたのです。

東川町に示された「一般会計予算」の数字をもとに、私はすぐにときがわ町、隣の越生町、高校時代を過ごした埼玉県西部の中心、川越市のデータを比較してみました。

すると——。

・ときがわ町……人口1万373人に対して、一般会計予算「59・2億円」(令和6年)
・越生町……人口1万1074人に対して、一般会計予算「42・8億円」(令和5年)
・川越市……人口35万2805人に対して、一般会計予算「1369・7億円」(令和7年)

この数字をもとにそれぞれの自治体の一人当たりの予算額を出してみると、

・ときがわ町……約57万円
・越生町……約39万円
・川越市……約39万円

それに対して、**東川町は、なんと約193万円**!

もちろん、自治体運営予算にはその年におきた災害や事故、あるいは地理的物理的な特殊性（たとえば離島や僻地《へきち》、原発施設があるなど）も反映されています。

けれどここに比べた4つの町に、それらは該当しません。

強いていえば、東川町が雪国で除雪費用がかかることくらいですが、それは微々たるものです。

なのに東川町だけは約193万円と突出している。同じ日本の地方都市から見れば東川町は驚くほど、「厚遇」されているのです。

なぜこんな予算が組めるのか？　どこからお金が降ってくるのか？

担当者に尋ねると、次のように答えてくれました。

「東川町は40年前から『写真の町』というテーマを掲げて、『自然』『人』『文化』の出会いを大切にした『写真映りのよいまちづくり』を展開しています。30年前からは高校生の写真全国大会『写真甲子園』を始めて、毎年夏にたくさんの高校生たちが全国から集まり、町民と交流をしながら、写真で競い合います。こうした取り組みを継続することで、さまざまな企業や人材とのネットワークを築いてきました。

そしていま、そういった外部からの知恵や力を借りながら、多くの事業が展開できています。たとえば、**全国唯一（2024年時点）の公立の日本語学校を開設**し、留学生が毎年約３００人この町に住みながら学んでいます。そのほかにも、寄付者を株主と位置づけ共に町を育てる**『ひがしかわ株主制度（ふるさと納税）』**や、町内の子どもたちを対象とする企業版ふるさと納税を活用した**返済不要の奨学金制度の創設**など、財源を確保しながら工夫を凝らして、**町民の幸せにつながる町おこしや街のブランディング活動**を続けています。

これらは、役場職員１３０人の力だけでできることではありません。**『地域活性化起業人』『ＪＥＴプログラム』『地域おこし協力隊』**といった国の財政支援が活用できる外部人材制度を積極的に活用しながら、**外からの人材と連携して町おこしを進めています」**

### ▼〝国からの通知表〟「特別交付税」

このとき担当者が教えてくれたのは、**「特別交付税」の存在**でした。

一部の不交付団体を除く、ほぼすべての自治体に交付される普通交付税ではなく、もうひとつ別の特別な交付税を交付する制度があります。

その総額は、地方交付税総額の６％。普通交付税は94％で、令和5年度は全国で総額約17兆円、特別交付税は全国で１兆１３２２億円。

この中から、災害関連費、除排雪経費、原油価格高騰対策、地域医療の確保、地域交通の確保など、自治体の弱点やアクシデントをフォローする項目に予算が組まれています。

けれど、この中に積極的な項目として「地域おこし協力隊」があります。その総額は2・5億円。この資金が、協力隊を採用した自治体に交付されるのです。

これは、7200人の協力隊員1人に対して、約450万〜500万円になる計算です（この額から隊員の報酬や活動経費が支払われます）。

しかし令和4年度に東川町に支給された特別交付税は、14・7億円。この年の協力隊員は約60人ですから、単純計算すると1人2000万円を超えます。

そんなはずはないので、この14・7億円には協力隊以外の〝別の項目〟も入っていることになります。

担当者はこう言います。

「東川町に交付される特別交付税は協力隊分だけではありません。**普通交付税の算定に捕捉されなかった特別な財政需要（移住促進や文化財活用、留学生支援など）の事業にも交付されています。**

これら特別交付税は自治体から都道府県に報告して、国から交付されます。その金額がどの項目にどれだけ振り込まれたか、すべての詳細はわからないんです。毎年12月と3月に分かれて交付決定がされ、はじめて金額がわかる。もちろん省令で定められている算式により、ある程度の交付額を予想することができたり、活動が継続していれば、例年の交付額が大きく変わることはありませんが……」

それを聞いて、私はこう思いました。取りようによっては、この数字は国から自治体へ出される〝通知表〟ともいえるのではないか――。

**さまざまな地域おこし活動をすることが国に認められて、その活動費が補塡される。**しかも交付されるまで「成績」がわからないというのも、通知表らしい!!

## ▼「任期終了後の定住」は必須条件ではなかった

この言葉の裏を取るために、**「地域おこし協力隊の父」と呼ばれる、元総務省自治財政局長椎川忍氏**を訪ねました。すると、椎川氏はこう言ったのです。

「特別交付税は大雪や災害対応のために出すものですから、自治体の通知表というものではありません。

ただし、都道府県の地域振興の考え方によってこの資金の分配比率は異なります。

東川町の場合は北海道が何に重点を置いているかで、受け取る額が異なります」

道が評価するのは、新しい企画より、長い伝統のある企画のほうだということでした。

だから**40年続く東川町の写真の取り組みには評価が高く、特別交付税の交付額が多いのは、長年の取り組みの賜物**といえます。

さらにもうひとつ、協力隊員は3年の任期を終えたらその町に定住するというルールを決められたかどうかを、椎川氏に聞いてみました。

すると、氏はきっぱりとこう言ったのです。

「いえ、そんなルールは決めていません。隊員たちにお願いしているのは、住民票を移すこと。自治体にお願いしているのは、首長から委嘱することと活動をホームページで公開すること。定住は条件ではありません」

2008年、椎川氏が当時の福田康夫総理と増田寛也総務大臣からの下命を受けて定住自立圏を制度化し、それとセットでこの制度を約半年の検討でつくったとき、そんな規定はなかったというのです。

「国からお金が3年間ももらえる」

という嫉妬に近い感情が周囲から生まれて、いつのまにか「任期終了後の定住」が必須条件のようなイメージになってしまったのでしょう。その思い込みが一人歩きして、協力隊採用を尻込みする自治体が多いのです。

### ▼「横のつながりの希薄さ」が定住を妨げる

さらに、椎川氏によれば、むしろ課題は別の点にあるといいます。

「その町に協力隊員が少ないと横のつながりができないので、互いの協力ができない。結果的に採用が少ないと協力隊員が孤立したり、能力を発揮できなかったりする。だから私は**協力隊の全国ネットワークをつくって、お互いの悩みや課題を話し合っていく仕組み**を総務省に提案してつくってもらいました」

調べてみると、東川町の協力隊員の4年目の定住率は4割を切っています。けれど約80人もいるから、毎年約30人は町に移住しています。それが何年も続くこともひとつの理由となり、東川町の人口はこの20年間で微増していて、1000人以上もの社会増を記録しています。

対してたとえば2人しか採用しない自治体は、4年目に1人が離れたら定着率5割、2人離れたら0割。協力隊員同士の協力も刺激もないから、離れていく隊員が多く、まさに自家撞着《じかどうちゃく》です。

| 順位 | 市町村名 | 都道府県名 | 人数 |
| --- | --- | --- | --- |
| 1 | 東川町 | 北海道 | 76 |
| 2 | 海士町 | 島根県 | 69 |
| 3 | 東成瀬村 | 秋田県 | 67 |
| 4 | 都農町 | 宮崎県 | 58 |
| 5 | 三条市 | 新潟県 | 56 |
| 5 | 西粟倉村 | 岡山県 | 56 |
| 7 | 高森町 | 熊本県 | 55 |
| 8 | 豊岡市 | 兵庫県 | 52 |
| 9 | 厚真町 | 北海道 | 39 |
| 10 | 新富町 | 宮崎県 | 36 |

**「地域おこし協力隊」隊員数ベスト10**
（総務省「令和５年度 地域おこし協力隊の隊員数等について」より作成）
https://www.soumu.go.jp/main_content/000941085.pdf

### ▼特別交付税は「住みやすさの指針」

この取材で見えてきた「特別交付税」という制度。それは、一概に市町村の「通知表」とはいえないかもしれません。面積と人口が同じ規模であることが条件ともいわれます。

けれど、１人当たり約１９３万円ものお金を使って町づくりしている自治体と、30～60万円台の自治体と、どちらに住みたいかと問われたら、多くの人が前者と答えるはずです。

つまり、**特別交付税は、住民に示された住みやすさの指標、「自治体の工夫と努力と知恵を示すバロメーター」**といっていいでしょう。

地域おこし協力隊の存在は、その〝見える化〟なのです。

右の表のように、その採用数のベスト10に人気の自治体があがるのは、そのためです。

椎川氏は最後にこう言いました。

**「これからの地方創生は各自治体の社会増の争いです。自治体の努力と工夫と勇気が問われる。厳しい時代です」**

（参考）
Discover Japan「移住マニュアル2023【Part 3】地域おこし協力隊活動人数ランキング10」https://discoverjapan-web.com/article/107316

第4章

神山典士

# 日本の弱腰が招いた〝中心市街地空洞化〟

地方における「大規模店舗立地法」制定の弊害

## アメリカの外圧に負けて生まれた「大規模店舗立地法」

1990年から2000年前後。

つまり、森永卓郎さんが「日米関係の転機」「日本衰退の始点」と語る1985年のあと、半導体政策と同様、日本はアメリカの圧力に屈して、「地方創生」に関して大きな失政を犯しています。

それは、すでに国内の地方では人口が減りはじめ、地方自治体の衰退が危惧されていたときに、それに追い打ちをかけるような「地方にとっての悪政」を敷いてしまったこと。

2000年に施行された**「大規模小売店舗立地法」**がそれに当たります。

この法律が制定される前までは、「大規模小売店舗における小売業の事業活動の調整に関する法律（通称：大規模小売店舗法、大店法）」により、大型小売店に対しては出店規制が行われていました。

全国で1000平方メートル以上の大型店舗をつくるためには、国の許可が必要だったのです。

大型店舗のショッピングセンターを建設するためには、大規模な土地を確保する必要があります。その多くは従来農地だったところを「農地転用」と呼ばれる「商業地」への転用の必要があり、これには農林水産省の厳しい規制もありました。

ところが**アメリカ政府の強い要求に応じて制定した「大規模小売店舗立地法」によって、大規模店舗の出店に際して国の許可が必要なくなりました。**

それまでは出店に際しては店舗面積などの量的な商業調整が必要だったのに、以後は生活環境面（交通、騒音、廃棄物など）のみのチェックだけで済むようになったのです。

この法律の制定に関しては、当初から「地域社会を形成していくための地元の小売商店との調整の仕組みができていない」と指摘されていました。

けれど時の橋本龍太郎内閣は、**法律改正を断行して地方に大型商店が生まれるきっかけをつくってしまった**のです。

森永さんに言わせれば、この悪法も1985年に始まった「日本の弱腰外交」の産物ということになります。

つまり**「地方の衰退」が進んでしまったのは、やはり1985年を始点と見てもいいの**です。

## 買い物ではなく「滞在する」場所に
## ──イオンやアウトレットモールの台頭

この新法と呼応するかのように、現在国内各地で超大型店を経営している「イオン」は、2001年に「ジャスコ株式会社」から「イオン株式会社」に商号を変更。**「グローバル10」構想***を発表して、その後の超大型店舗の多店舗建設を宣言しています。

またイオンに負けじと各地に展開する「アウトレットモール」も、この時期に多数誕生しています（三井不動産や三菱地所などが経営しています）。

2000年以降その出店は全国に広がり、北海道1店、東北2店、関東13店、中部5店、近畿5店、中国2店、九州2店、沖縄1店、となっています（2025年3月現在）。

広い土地がある地方都市の「郊外」に巨大なイオンやアウトレットモールができたことで、日本の地方の風景はすっかり変わりました。

中高生や子育て中の家庭の主婦たち、あるいは幼い子どもを連れた家族は、そういう超大型店に買い物だけに行くのではなくて「遊びに行く」のです。

とくに週末などは一日中、超大型店で過ごして、併設されたレストランで食事をし、シネマコンプレックス（複合映画館）で映画を観る。

車でやってくる家族連れのためには巨大な駐車場（一定の買い物をすれば無料になる）がつくられている。

館内では各種のイベントも行われていて、一日いても飽きない。いろいろな刺激があって、食欲も物欲も所有欲も満たされる。

つまり**超大型店は、「車社会」における「地方の町の中心」になった**のです。

そしてその結果顕著になったのは――。

当然、それまでの地方の中心だった**「中心市街地の空洞化」**です。

その多くは鉄道駅前にあり、バスやタクシーが集まる設計になっていました。そこには商店街があり、呑み屋街があり、映画館やボウリング場などもありました。

けれど駐車場は少なくて狭くて（もちろんあっても有料です）、家族で一日遊べるような

---

＊イオンが世界に通用する企業集団を目指すために掲げた構想。2010年に世界の小売業ランキングで10位以内に食い込むことを目標としていた。

施設や空間はありません。

あくまでも「鉄道社会」の中心地であり、**そのエリアにある個人商店は「高齢化や後継者不足」という慢性的な病を抱えることとなる**のです。

## 商店街の衰退データ

そういうエリアを対象にした調査報告があります。

中小企業庁が令和4年（2022年）3月に発表した、全国約1万2000商店街を対象に行ったアンケート調査（「商店街実態調査報告書」）。それによると、
・空き店舗率は平成18年度（2006年）には8・98％だったものが令和3年（2021年）には13・59％へ
・空き店舗率10％以上の商店街は全国の43％以上を占める（空家率が10％を越えるとその商店街には空疎感が広がると言われています）
・全国の33％の商店街で「空き店舗が増えた」

など、空き店舗が著しく増加していることがわかります。

空き店舗が埋まらない理由として、貸し手側は、**「店舗の老朽化」「所有者に貸す意思がない」「家賃の折り合いがつかない」**などをあげています。

借り手側の理由としては、**「家賃の折り合いがつかない」「商店街に活気・魅力がない」「店舗の老朽化」**などをあげています。


中心市街地は田舎とはいえ駅前なので、やはり相対的に家賃は高い。若者がカフェやマルシェを開きたくても、初期コストのハードルが高すぎて開業に結びつかない。あるいは物件の所有者にこだわりがあって（先祖代々引き継いできた家屋。仏壇がある。兄弟の承諾がとれない、など）「貸す意思がない」というケースも多い。

これは、地方の空き家事情と同じ状況です。


商店主の廃業の理由としては、**「高齢化、後継者不在」「同業種との競合」「商店街に活気がない」**などがあげられます。

「同業種との競合」とは、超大型店に同業店ができたことや、あるいは商店街の中に全国チェーンの同業店ができるケースもあるでしょう。

地方の個人洋品店が「ユニクロ」や、その他の人気アパレルチェーンに勝てるはずがない。

やはり**地方都市においても、全国的な有名店に人も金も流れていく。**

商店街の景況に関しては、

**「繁栄している」……1・3%**
**「繁栄している」「繁栄の兆しがある」「まあまあである」……28・6%**

それ以外の（無回答4・1%を除く）67・2%は、「衰退の恐れがある」「衰退している」と回答しています。

最近3年間の商店街への来客者の推移は、

**「減った」……68・8%**
**「変わらない」……18・8%**
**「増えた」……4・6%**

という惨憺たる結果です。

**商店街は車社会に対応していない**

またNTTデータ経営研究所のデータ（2008年）によると、中心市街地が衰退している理由について、

「商店街などの個人経営の店舗に魅力がない」……45％
「郊外のショッピングセンターのように大規模な無料駐車場がない」……42％

やはり多くの人が、**超大型店の品揃えや店舗のバリエーションの多さにひかれる**と回答し、駐車場があるという「車社会への対応」を理由としています。

**中心市街地**（往々にしてそれは鉄道駅の周辺でした）**では店舗経営者の高齢化や後継者不足が進み、新しい魅力的な商品を揃えることが難しくなっています。**

また駅前であるがゆえに駐車場設備がなかったり商店街からは遠方にあったりして、利

便性に欠けるのです。

たとえば都内有数の商店街と言われる十条銀座を見ても、店数は多く多彩ですが、家族で遊べる空間はありません。一日滞在できるエンタテインメント性もない。近くに駐車場もないから、車で行くこともできません。

だから、近所の高齢者のみが徒歩か自転車で買い物にやってくるだけになり、客数もじり貧です。

私のようなシニアにとっては馴染みの魚屋や肉屋、八百屋、居酒屋があることは大きな魅力なのですが、若者にとっては、そんなものはスーパーで買えばいい、チェーン店で飲めばいい、個人店が並ぶ商店街には何の魅力も感じない。

しかもあろうことか、駅前再開発により駅前にできたタワーマンションの低層階に「クイーンズ伊勢丹」が入ってしまった！　これは地元商店街にとって致命的です。早晩十条銀座は閑古鳥が鳴くでしょう。

私には残念でたまりませんが、それが時代の流れなのです。

## 便利だけど貨幣は外に流れていく

けれど1985年を境に本格化した地方に超大型店や全国チェーン店が跋扈《ばっこ》するこの状況には、たんに「商店街に活気がなくなった」というだけでなく、こんな事態が潜んでいることはご存じでしょうか？

コミュニティデザイナーの山崎亮さんが、『面識経済』（光文社、2025年）でこう書いています（私はこの著作物の企画立ち上げから編集の過程まで編集作業に参画しました）。

「たとえば（私たちが行なう地域の住民を集めた）ワークショップで、『うちの街にもコンビニがあったら便利なんだけどな』という意見が出るたびに（私は）複雑な気持ちになります。（中略）『（コンビニができると、コンビニを利用すると）便利だけど貨幣は地域の外へと漏れてしまう』という点が気になっているのです」

山崎さんの主張を紹介すると、

・全国チェーンのコンビニストアの1カ月の売り上げが仮に1000万円だったとすると、その内訳は商品仕入れ値が6割
・コンビニは本部の一括仕入れが原則なので、ごく一部の商品を除けば地元産ではない。商品の9割は地域外から仕入れている。つまり、仕入れ値の9割は地域外に流れていく
・全国チェーンは利益の一部を東京の本部に納めなければならない。粗利（売り上げから仕入れ値を引いた額）の4～6割をロイヤリティとして本部に上納する。このお金が地域外に漏れていく
・土地代や光熱費などの固定費は地元に住む地主に払う場合もあるし、地域外にある電力会社に支払う場合もある。人件費（アルバイト）は地元の人（が多いはず）だから、人件費は地域に残る
・すべてを支払ったうえで残るのがオーナーの所得になる。たとえば50万円とすると、オーナーが地域に住む人ならば地元に残る

この仮定で山崎さんはこう言います。

「以上のように整理すると、月に1000万円の売り上げがあるコンビニでも、地域に

残る貨幣は200万円に満たないことになりそうです。2割しか残らない」と。

その一方で、同じ地域にある「地元産の商品を仕入れ、地元産の電力を使い、地元の人を雇う個人商店」と比較すると、

・売り上げは全国チェーンの3分の1、つまり月に330万円だと仮定する
・同じく6割が仕入れ値だとして、そのうち7割が地元から仕入れている
・個人店には東京の本部はないから上納金はゼロ
・土地代や光熱費などの固定費はほとんどが地元に残る（そもそも土地代はかからないかもしれません）
・人件費も地元に残る
・オーナーの所得も地元

すると、

「地元に残る貨幣が8割だとすると、月の売り上げが330万円の地域貢献型の個人店は、そのうちの264万円を地域に残すことができるわけです。全国チェーン店に比べる

と売り上げが3分の1にもかかわらず、地域に残る貨幣は全国チェーンよりも多いことになります」

というのが山崎さんの分析です。

もちろんイオンやアウトレットモールのような超大型店は、もっと複雑な計算になります。

けれどその本部が東京にある以上（あるいは最近では北海道、東北、関東、中部、関西、四国、九州のようにブロックごとに本社をつくる場合もありますが）、その売り上げの上納金は「本社」に吸い上げられていく。

それだけでなく店舗が納める法人税も、「本社」がある自治体に吸い上げられていく。

**地元に納める税金は微々たるものとなってしまうのです。**

## 超大型店の「光と影」

もちろん、イオンやアウトレットモールといった超大型店が地元にできることで、そのエリアが活気づき人口が社会増になるという可能性もあります。

「買い物に便利」「家族の遊び場がある」「明るいイメージがある」など、**地域の不動産屋は超大型店を切り札として住宅地（ニュータウン）を開発します。**

大手不動産業者も競って高層マンションを建てるでしょう。

そうすると人口は増え、自治体には住民税が入ります。

けれど自治体にとっては、児童数が増えることで学校を建てなければならなくなります。

ところがニュータウンの場合、一時的には児童数が増えても、その子たちが卒業したらまた児童数は減って新築した校舎は不要になる。昭和年代に建てられたニュータウンのケースから、そういうデータが出ています。

**だから学校を建設するにしても、あらかじめ老人ホームにも使えるような設計にする。**

そんな自治体も出てきました。

## 「地方交付税交付金」という矛盾

さらに自治体にとっては、悲しい矛盾もあります。

人口の社会増はうれしいのですが、それによって税収が増えて**財務的な収支のバランスが変わると、国から〝降ってくる〟「地方交付税交付金」が出なくなる**という問題も出てくるのです。

**日本の現在の地方行政においては、自治体の税収入と支出を比べて、収入のほうが多くなると「地方交付税」が出なくなる。**

それを**「不交付団体」**といいます。

それは自立した証拠ですから名誉のはずなのですが、じつはこれが出ないと自治体にとっては大幅な収入減となります。

むしろ**人口など増えないで、「税収は少なく支出が多いほうがいい」**という自治体関係者もいるのです。

こうした悲しい矛盾があるところにこそ、すでに述べた**「地方の金をすべて中央に一度集めてシャワー効果で全国にばらまく」という、「金の一極集中」**の弊害があります。

神山典士

# 「幸せさがしができる国」を求め〝下り列車〟に乗る

## ——「トカイナカハウス」での二拠点生活

東京都豊島区で生活している私が、「トカイナカ」と呼ぶことになる埼玉県比企郡ときがわ町と出会ったのは、新型コロナウイルスが蔓延して外出制限が出た2020年の秋のことでした。

このコロナ禍のときに、人の流れが**それまでの東京一極集中から、一瞬でしたが「地方分散型」に逆流しました。**

東京都の発表によると、はじめての緊急事態宣言が出されて2カ月後の2020年5月には都の人口の対前月増減数はマイナスとなり、6月に一度プラスになったものの、以降新入学や新入社が始まる21年の4月を迎えてもプラスに転じることはありませんでした。20年の東京都の転出者数は約40万2000人で、1998年以降22年ぶりの40万人超のマイナスとなりました。

**私はこの人口の逆流は「チャンスだ‼」と思いました。**

この国では明治維新から約150年間、ずーっと人は「上り列車」に乗らないと幸せになれないと思い込んできたのですから。

## ▼「地方の伝統文化が根絶やしになる！」という危機感

従来この国では、田舎に生まれると少年少女時代から、おじいちゃん、おばあちゃん、お父さん、お母さんに「ここにはなにもないから、東京さ行け、大阪さ行け、名古屋さ行け」と耳元で囁かれつづけました。

もっとも1970年代ころまでは、田舎の家では「長男は大黒柱、次男・三男は便所の柱」と言われて、幼少のころから長男だけはいい食事が与えられたりいい洋服を買ってもらったりするのが当たり前でした。

長男に対して、それ以外の兄弟姉妹は「引け目」を感じていたのです。

ところが高度成長期以降、東京に出た次男三男のほうが便利な生活、都会できらきらした生活を送っていることがわかった。

だから家を継ぎふるさとに残った長男も、生まれてきた自分の子どもには「お前はこんなところに残らないで東京さ行け」と言うようになった。

そこから東京一極集中が加速したのだと思います。

でもそれでは地方都市は疲弊するばかり。**地方に住む人は少なくなって空家廃屋や耕作放棄地ばかりが増えていく。**

このままいくと、中心市街地の空洞化だけでなく、あらゆる土地が中国人や外国人に買われて国内から外国化してしまいます。

リゾート地として有名な「ニセコ」が外国化していることは以前から有名ですが、最近では「富良野」でも「美瑛」でも外国資本が土地を買い漁っている。都心でも、この10年間で他人（日本人）の土地を約100億円分だまし取った中国人詐欺師もいると囁かれている。

この状況は「国防」の観点からも危険です。国内から外国化するだけでなく、**日本の地方に根づいてきた食文化や伝統文化、生活文化も根絶やしになってしまう。**

「これではいけない」と危機感を抱きました。

## ▼「家じまい」が加速する地方での取り組み

実際に私は、能登半島震災の前、2020年に能登の珠洲《すず》市で開催されたトリエンナーレ「奥能登国際芸術祭」の一環で行われた「大蔵ざらえ」という行事を取材したことがあります。

このときすでに、この地では高齢化が進んで「家じまい」をする家が多くありました。そうなったら、各家が蔵にしまってある生活文化（食器、衣類、家具、装飾品など）がみなゴミとして捨てられてしまう。

そうなる前に芸術祭に参加するアーティストが蔵の中身を「さらって」、貴重なもの、美しいもの、伝統のあるものは拾い出して、「アート作品」として展示しよう、という取り組みが行われたのです。

アートディレクターの北川フラムさんの声かけで、多くのアーティストがこれに参加しました。

実際に各家の蔵を開けると、漆塗りの豪華な食事セット（お膳と数種類の器、箸など）が必ず16卓ずつ揃っていて、江戸時代に「北前船《きたまえぶね》」が北海道から北陸へ通っていた豊かさと伝統を感じました。

町内には高さ16メートルもの祭の山車《だし》も残っています。**このまま高齢化や過疎化が進んでなにも手をつけなかったら、こういう生活文化は根絶やしになってしまう**――。

そうなる前に、私はジャーナリストとして何とかその魅力を発信して都会人にその価値に気づかせるアクションをおこそうと思いました。

彼らをトカイナカエリアに呼び込み、**「都会と田舎を“かきまぜる”」**ことが重要だと考えたのです。

### ▼「トカイナカハウス」での活動をスタート

そのために私は、ジャーナリストとして報道するだけでなく、「地方創生のアントレプレナー」になることが必要だと考えました。

トカイナカエリアに生活の拠点をつくって「田舎暮らし」を体験しないと、その事実は報じられない。生活する中で見えてくる問題点や課題、あるいは魅力を自分自身で体験してジャーナリストとして発信する。そうすることで、**都会の人たちに田舎＝里山の魅力を感じてもらおう**と思ったのです。

私は都心から1・5～2時間エリアを「トカイナカ」と名付けて（すでにこの言葉はコロナ前からありました。『東京トカイナカ探検隊』（文・森沢明夫、絵・うぬまいちろう、主婦の友社、2012年）の著者・森沢明夫氏、もしくはマーケティングコンサルタントの西川りゅうじん氏の命名と言われています）、二拠点生活のできる基地を探しました。

すると、ほどなくして、埼玉県比企郡ときがわ町で超豪華7LDKの古民家（築約50年）との出会いがあったのです。

それは八高線明覚駅の真裏の線路沿いにある、大きな二階家。玄関を開けると広い無垢の一枚板の廊下が広がっています。立派な建具彫刻が施された襖を開けると、8畳が二間続きの大広間。昔なら結婚式も葬式もここで行われたはずです。

その部屋は鴨居が二重になっていて天井が高く、部屋の真ん中の欄間には富山県砺《と》波《なみ》市の職人が彫った一刀彫の彫刻があります。

手前には価格約300万円ともいわれる大黒柱。床柱は黒檀《こくたん》。床の間の脇の建具は全国品評会で「内閣総理大臣賞」を受賞した、精緻な作品です。

のちにこの建物を建てた棟梁（宮大工）に出会うと、

「当時の建主がこの建具を品評会で買ってきてしまい、それに合わせてこの家を建ててくれ、と頼まれて設計しました」

という話でした。

ちなみにこの家の棟梁・大島勤さん（東松山市）はこの家に入ったのは建前以来とのこと。鴨居の隅々をチェックして「少しの狂いもない。私の腕も捨てたもんじゃない」と私に向かってにっこりしました。

そして「この床の木はどこどこの森で伐った木」「この合天井の木は〇〇の森」「この柱は〇〇の森のどこそこに生えていた木」とすべて説明してくれました。

使用した木材は、いずれも樹齢３００年から４００年。すべてときがわ町の森に生えていた杉や檜です。業界では「西川材」と呼ばれ、全国有数の品質といわれます。

しかも、すべてが植林ではなく実から生えた「実生の木」。土に砂利が混じった南斜面で北風が吹き込まず、日照時間の長い森から約１００本斬ってきて２〜３年間寝かせたといいます。

約半世紀前の建築で、総工費約１億円。屋根瓦もすべて特注品。屋根の頂点に鎮座する鬼瓦は掘り出し瓦。家はすべて無垢材でつくられていて新建材は１ミリもなし。だから**「この家は呼吸している」**と大島さんは言います。

夏は玄関に入るとひんやりするし、冬は暖かいのです。

そんな家と出会った私は一瞬で気に入って、そこを賃貸で借りることにしました。

家賃は８万円。庭は大きな石を敷いた枯山水《かれさんすい》様式。井戸もあります。その先には畑が約１５０坪。全体では３００坪の敷地です。

それでも、このエリアでこの家賃は決して安くありません。なにより大変なのは、家が大きすぎて室内の掃除や庭の手入れ、浄化槽の掃除や冬の薪ストーブ用の薪割り、煙突掃除など、やることが多くて手が回らない。お金もかかる。

本当は薪割りは夏場に済ませておかないといけないのですが、面倒くさがり屋の私はいつも秋口になってから慌てる始末です。

そんな**トカイナカ生活も2025年で4年目となりました。**

この間、ときがわ町と都内の自宅を行ったり来たりして、2024年11月には住民票もときがわ町に移しました。**本格的な二拠点生活が始まった**のです。

**▼外国人にも好評な「古民家ゲストハウス」**

**「トカイナカハウス」は、普段はゲストハウスとして国内外のお客さまを迎えています。**

鹿児島から北海道の稚内まで自転車で走るドイツ人が来て泊まったり、2025年には「日本に移り住みたい」という中国人の詩人も何泊か滞在していきました。

日本とロサンゼルスを行ったり来たりしている日系アメリカ人女性も2週間滞在していったし、都内のマンションを売り払って完全リモートワークで働いているという日本人女性も1カ月間滞在していきました（彼女の目的は近くの堂平山《どうだいらさん》でのパラグライダー講習を受けることでした）。彼女は全国各地、海外も含めて気に入った土地に滞在してリモートワークを続ける「グラスホッパー・フルリモートワーカー」です。

また、ときがわ町内の企業でインターンをする大学生は、離れの2階で3カ月生活していきました。お風呂と台所は母屋を使えて1カ月の家賃は2万円。今年はシングルマザーの母娘が滞在する予定です。「都会では家賃を稼ぐために嫌な仕事もしなければならなかったけど、ここならそれをしなくても生活できるのでうれしいです」と、大好評です。

## ▼里山の魅力を都会の子どもたちに

また私はここ十数年間、首都圏の小中学生を対象に各地（豊島区、世田谷区、千葉市など）で「書く力＝作文教室」を開催してきました。

その経験とメンバーも蓄積したことから、春夏冬ゴールデンウィークの長期休暇には子どもたち親子を対象に**「トカイナカ子ども作文合宿」を行っています。**

２０２４年の夏休みは**「夢を叶える作文合宿」**と題して40日間開催しました。

「お医者さんになりたい」「オリンピック選手になりたい」「新聞記者になりたい」「役者・声優になりたい」など、斯界の第一人者を呼んでワークショップを行い、その後大谷翔平選手の「目標達成64マス曼陀羅《まんだら》」を学び、作文を書きます。

この講座を**40日間で20コマ＋2コンサート1落語会を開催して、延べ約４００人（２００組）の親子を都会から招き入れました**（私は40日間トカイナカハウスに滞在して指導。参加者は日帰りでも一泊でも何泊してもいいというやり方です）。

この合宿では作文を教えるのはもちろんですが、**昭和初期に宮沢賢治が『注文の多い料理店』のモデルにしたときがわ町（当時は都幾川《ときがわ》村）一帯の里山の魅力を親や子どもたちに伝え、味わってほしい**と考えています。

合宿中は毎朝地元の農家に朝どれ野菜を持ってきてもらって、たとえば泥付きネギのバーベキューをする。外側がこんがり焼けたネギは、真ん中だけ食べると本当に甘い!!　ネギ嫌いの子も、「美味しい！」と叫んでむしゃむしゃ食べます。

### ▼「移住」や「関係人口」を増やす可能性を見据えて

早朝5時には近くの森の中の座禅堂に行って早朝座禅をします。

座禅というと足が痛い、厳しいというイメージがありますが、ここ皎円寺《こうえんじ》の柳瀬寛洲和尚は地元で超人気の幼稚園の園長先生なので、子どもたちにとても優しいのです。20分程度でブレイクを入れてくれて、「足のしびれを取りましょう」と言ってくれる。それでいて警策《けいさく》はピシリと背中を打ってくれて、むしろ気持ちがいい。

1時間の座禅が終わると朝日が差し込んできて、ときがわの森を美しく照らし出します。本当に清々しい一瞬です。

その他夏は地元民の秘密の場所での「蛍の乱舞」。冬は標高800メートルの堂平山に車で登って頭上の満天の星と、眼下の関東平野一望の光のページェントを楽しむ。手漉《す》き和紙の工房では和紙漉きも楽しめるし、近くの川ではカヌーでも遊べます。森の中のバーベキュー場ではお腹いっぱいになったあとで、冷たい水の川遊びも楽しめる。

合宿の最後には、子どもたちは「楽しかった〜」と言って里山のファンになって都会に戻っていきます。

そうやって**10代のころに楽しい里山の記憶を残してもらって、将来はトカイナカの「関係人口」になってほしい。**機会があったら、**移住二拠点生活を楽しんでほしい。「下り列車」に乗る楽しさを知ってほしい。**

そう願って、私は今日もトカイナカハウスでの活動を続けているのです。

もちろん「トカイナカ暮らし」は田舎ならではの人間関係のトラブルやよそ者を蔑視する視線を感じることもあります。

けれど、そういうストレスは都会でも同じこと。必要以上に気にしないで**ゴーイング・マイウェイで信じる道を進めばいい。**

そう思って、これからもこの生活を楽しみながらトカイナカの魅力を都市生活者に発信していきたい。それを通じて**「〝下り列車〟に乗った幸せ探し」ができる国づくりを目指したい**と思っています。

# 第5章

森永卓郎

## 好き／嫌いのスイッチを「オン」にして生きる

重要なのは「自分の幸せのイメージ」があるか

## 1 「アート」を生み出す創造力こそが、新しいビジネスを創る

### 創造力で新しいビジネスを創る「プロジェッティスタ」

多くの人がトカイナカエリアに住み、「ブルシット・ジョブ」から解放されて、「脱グローバル資本主義」の生活を送りはじめる。

すると社会全体はどう変わるか？

そのヒントは、イタリアにありました。


**「プロジェッティスタ」**という言葉をご存じでしょうか？

これは、第二次世界大戦の敗戦で疲弊したイタリアに登場した建築家やデザイナーたちの総称で、彼らは自らを「プロジェッティスタ」と呼んだのだそうです。

その姿が書かれた『プロジェッティスタの控えめな創造力』（多木陽介著、慶應義塾大学出版会、２０２４年）によれば、彼らは、**「人々の暮らしに寄り添い、人間的なクリエイション（創造力）に心血を注いだ人たち」**。

その伝統は、現在のイタリアにも流れているそうです。

そもそもイタリアの産業界は、中小企業の集まりです。

イタリアにはベネトンやフェラーリといった世界的なブランドもありますが、その実体は本当に小規模零細企業。イタリアでは大きなプロジェクトをつくるときは、そういう中小零細企業が集まって、得意分野の力を出し合い、連携していくのだそうです。

そのプロジェクトの全体を取り仕切る人のことを、現在では「プロジェッティスタ」と呼びます。プロジェクトの全体を取り仕切る総合プロデューサーです。

そしてその呼び名の由来の通り、**プロジェクトを仕切る総合プロデューサーに必要とされる資質は「アート＝芸術の力」**。

戦後の荒廃したイタリアで、「人々の暮らしに寄り添い、人間的なクリエイションに心血を注いだ人たち」が持つ「アートの力」が、現在のイタリアの産業界では最も必要とされているのです。

それに対して、**日本の産業界のリーダーに必要とされるのは何でしょうか？**

たとえばお金を持ってくる金融の知識であり、市場をだますマーケティングの能力であり、悪知恵を持ってくる業界内の広い人脈ではないでしょうか。

ところがイタリアのリーダーに必要とされる資質は、「アート＝芸術の力」。

そして、**リーダーの条件は「アーティストであること」**。

だから、フェラーリが生まれてくる。ベネトンが生まれてくる。

私は「これは炯眼《けいがん》だ」と思いました。

## 「ブルシット・ジョブ」からはアートは生まれない

そう考えたときに、はたして日本の未来はどうでしょうか？

東京のブルシット・ジョブに縛られた人の中から、「アート＝芸術の力、創造力」は生まれてくるでしょうか？

答えは「ＮＯ」です。

それは衆目の一致するところでしょう。

アーティスティックな力こそ、大自然の中でゆったりとした時間を過ごし、自然と会話し、仲間と語り合い、家族と笑顔で時を過ごす。そんな中からしか生まれてきません。あるいは都会の人ごみで暮らしていても、自分の好きな世界に浸ってそれに没頭することでしか創造力は開花しません。

**「ブルシット・ジョブ」に追われる生活をしていたら、もともと持っていた創造力も磨耗してしまう**（もっとも、ブルシット・ジョブへの違和感や反発をバネにして新しい生活に飛び込むということはできるかもしれませんが……）。

なによりも、私が主張する「一億総農業化」の本質にあるのは「アート」です。**大自然と格闘し、鳥や虫や病気から作物を守る工夫をし、知恵を絞って命を育てる。**そこにこそ**「アートの本質」**があります。

## アートに必要な〝たったひとつのこと〟

では、自らをアーティストに育て上げたいとしたら、アートに必要なものは何か？

そう問われたら、私はひとこと、

**「自分の〝好き〟と〝嫌い〟をはっきりさせること」**

と答えます。

**自分が好きではないことにかかわっても、アートは生まれません。**

重要なのは「好きと嫌いをはっきりと分ける」ことです。**どんなにがんばっても、本心から好きでないものは長続きしない**からです。

「好きこそものの上手なれ」――昔の人はよく言ったものです。

現在の都市生活者は「好きと嫌いのスイッチを〝オフ〟にしている」と言った人がいます。

それもそのはず。

あの満員電車に乗れるのは、「満員電車嫌い」というスイッチをオフにしているからです。

満員電車が好きな人がいるでしょうか？　誰だって嫌いなはずです。

でも、そのスイッチをオフにしているから、都会の人は長時間他人とおしくらまんじゅうしながら会社へと通勤電車で向かえるのです。

反対に、大好きな海に行けないで何週間も何カ月もオフィスにこもりつづけられるのは、

「好き」のスイッチをオフにしているからです。

大好きなスキーに行けない。大好きな温泉に行けない。大好きなコンサートに行けない。そんな「〜できない」状況で仕事ばかりをしている人は、好きのスイッチをオフにしている。

そうでなかったら、我慢することができずに暴発してしまうことでしょう。

## 日本に第2の「葛飾北斎」が生まれない訳

もしそうであれば、「都市生活者はアーティストになれない」ということになります。

**「好きと嫌いのスイッチ」をオフにしていたら、芸術を生み出すアーティストにはどう考えてもなれません。こんな人たちがいくらいても、イノベーティブな商品やサービスは生まれてこない**のです。

だから日本からiPhoneは生まれなかったし、GAFA（Google・Apple・FaceBook・Amazon）も、OpenAIも生まれなかったのです。

なぜなら、**創造力を削ぐ生活をしなければ、グローバル資本主義に毒された都市生活を続けられない人がほとんど**だからです。

「好きと嫌いのスイッチをオフにして」「創造力を削ぐ生活」をしなければ、お金を稼げない、生活ができない。

それが、この国の今日の多くの都市生活者の実態なのです。

**かつてこの国は、「この1000年間の世界のトップ100人」（『LIFE』誌、1999年）に掲載された葛飾北斎を生みました**（日本人では唯一）。

北斎の描いた「神奈川沖浪裏」は、世界では「モナ・リザ」に匹敵するほどの知名度だといわれています。

産業界でも音楽をアウトドアに持ち出す「革命」で一世を風靡した「ウォークマン」や世界を驚愕させたトランジスタラジオを生み、F1レースで15戦13勝を記録し、ニューヨークの不動産を買い漁り――。

もっと歴史を遡れば、日本という国は西洋社会を驚かせた「日露戦争の勝利」があり、印象派という「西洋絵画の革命」が生まれるきっかけとなった19世紀末にジャポニスムがあり、第二次世界大戦の敗戦後には世界を驚かせた復興があり、1960～70年代の「高度成長」があったのです。

そういう歴史を持っているからこそ、世界の人々は日本に対して親しみを感じてくれている。日本民族を「勤勉で優秀な民族」だと思ってくれている。
いままでは——。

## 「暗黒の30年間」から脱出できない日本

ところが**今日の日本経済は、「暗黒の30年間」の長いトンネルから脱することができていません。**

半導体業界では世界から取り残され、自動車業界もトヨタを除いては下位に低迷し、EVの世界ではテスラや中国メーカーにほぼ独占を許している。

日本の誇りであった家電業界は衰退し、消費行動の王様のように振る舞っていたデパートは経営難。メガバンクの多くも世界の下位に沈み、かつてはアメリカ本土の地価の4倍はあると言われた不動産価値も、都心のごく一部を除いては紙屑のようになっている。

変われば変わってしまうものです。

それらはすべて、**「グローバル資本主義」に飲み込まれた**からです。

多くの人がお金、お金、お金に追い回されてクソのような「ブルシット・ジョブ」に取り込まれている。

**日本人の本当のクリエイティビティが発揮できずに、ただただ時間に追われた肉体労働に堕《だ》している。**

**東京一極にしがみつき、金融業の独占を許している。**

だから、日本と日本人は疲弊してしまったのです。

## 森永卓郎のクリエイティブの源

そんな世間の人々の悲しい姿を横目で見ながら、がんに冒された私は**「好き」のスイッチを全開にして生きています。**

たとえば「まえがき」にも書いたように、2024年の11月の上旬、私は芝の増上寺で真っ赤な衣装を着て約3000人の前でカラオケを歌ってきました。

2024年12月になってからのテーマは、イソップの向こうを張って「寓話を書くこと」。

イソップは生涯で約700編もの寓話を残しているのですが、まともなのは20か30作品だけと言われています。

それに対抗して、私も寓話を出す予定です。第一稿はもう脱稿しています（既刊『余命4か月からの寓話――意味がわかると怖い世の中の真相がわかる本』興陽館、２０２４年）。第2巻も28話中27話まで書けています。それ以降は出版社はまだ決まっていませんが、このままのペースならば７００作品くらいはいけるんじゃないかと思っています（既刊『知ってはいけない――ほんとうは怖い森永卓郎寓話　第2巻』興陽館、２０２５年）。

## 「スーパー銭湯」と「高度8000メートル」で創造力が湧く

これだけ「やりたいことだけしかやらない生活」をしてわかってきたのは、私の生理として、近所のスーパー銭湯に行くと、また、飛行機に乗って高度８０００メートルを越えると、むくむくと創造力が湧いてくることです。

銭湯に行くと、寓話が３本は書けます。

ほかの本は計画を立てて設計図も用意しないと書けませんが、寓話は数分のスキマで書ける。

現在は寓話だけでなく、趣味の図鑑も編集しています。

『森永卓郎　トミカコレクション』（八重洲出版）は、現在4巻まで刊行済み。マジョレットというミニカーの図鑑も、グリコのおまけ図鑑も並行してつくっています。

**やることが無数にあるから、ちっとも暇になることがない。**

２０２４年の8月には13冊の本を書いていたので、人生ではじめて30日間全日完全徹夜をやってみました。ちょっと仮眠をとって、２～３時間は寝落ちするんですが、死ぬかと思ったけれど、ぜんぜん大丈夫でした。

だから私はがんで死ぬのではなくて、完全徹夜で死ぬんじゃないか。

いや、**楽しすぎて楽しすぎて、そのせいで死ぬのかもしれない。**

## 「余命宣告」から1年以上延命している訳——好きなことをやれば、免疫力が上がる？

少なくとも「余命3カ月宣告」から1年以上も延命しているのは、**「好きなことしかしない」**から。

そのことで免疫力が上がっていることは、おそらく間違いないです。

それをしないで、そういう心境を知らないで、ブルシット・ジョブに冒されつづけている人は、免疫力がなくなってばたばたと死んでいく。

いや、私に言わせれば、生きがいのない暮らしをするくらいならば、死んだほうがましです。

**大都会東京で好きと嫌いのスイッチをオフにして生活しているなら、呼吸をしていても「死んでいるのと同じ」。**

私はそう思います。

## 2 「事業承継」「後継者育成」の夢がかなった話

### 〝好き〟が詰まった「B宝館」の隆盛

すでに述べたように、私は末期がんに蝕まれながら、「〝好き〟と〝嫌い〟のスイッチ」を完全に「オン」にしています。

そうすることで免疫力を高め、「余命3カ月宣告」から1年以上も生きつづけている。書籍も続々と刊行しているし、前述したように、寓話も出版できました。

じつはそれだけでなく、「後継者育成」も「事業承継」も立派にできています。

世にあまたある中小企業も大企業も、深刻な「後継者不足」であり「事業承継も難しい」と言われています。

その中にあって、私は見事に、この難しい〝2つのテーマ〟を達成しました。

私はそのことにも胸を張りたいと思います。


たとえば、私が埼玉県所沢市に持っている「B宝館」。

**私が約半世紀をかけて集めてきた「価値のないもののコレクション」約13万点を集めたプライベート美術館**です。

コンセプトは**「ビンボーでおバカだけどビューティフル」**。

たとえば、「不二家のペコちゃんの人形」「江崎グリコのおまけ」「キットカットのパッケージ」「コアラのマーチの絵柄集」「ドラえもんグッズ」「コカ・コーラの缶」「三ツ矢サイダーの瓶」「ご当地キャラメルの空き箱」「チョロQ」「有名人だじゃれグッズ」「世界のタバコパッケージ」……などなど。


この館は、小さな会社の建物を買い取った地上3階建て。2014年10月に、「普段の暮らしの中で使っているものの中にこそ美しさがある」をコンセプトにオープンしました。

そのコレクションは開館当時で約12万点。コロナのころには「断捨離」で毎日のように段ボール箱に入ったがらくたが何箱も送られてきました。

いまではコレクションは日々増えつづけて約13万点。

そのホームページに私はこう書きました。

「ここに展示してあるモノは、普通ならゴミとして捨てられてしまうものが、ほとんどです。ただ、そうしたゴミでも、時間をかけて、系統立てて集めていくと、歴史を語り、そして一種のアートになっていくことを感じて頂ければ、幸いです」

まさに「**好きなことしかやらない森永卓郎**」のアート。

それがB宝館なのです。

## 「金食い虫」が「金のなる木」に

ところが――。

じつは大きな問題がありました。

それは、毎年1000万円以上の赤字を出していること。

「好きなことをやっているんだから仕方ない」とは思っていましたが、やはり1000

万円の出費は痛かった。

ところがここにきて、潮目が変わったのです。

なんと、収支がとんとんになってきた。集客が約10倍になった。世界からこの館を目指してやって来るゲストも増えた。

ここにきて「金食い虫」ではなくなったのです。


その理由は、2025年が「昭和100年」にあたることで、各地の美術館やデパートなどで「100年展」が行われること。そういうときに、わがB宝館のコレクションを「貸してほしい」という依頼が続々とやって来るようになったのです。

「1970年代のポップス文化展をやりたい」という希望に対して、その時代に発売したタバコのパッケージは、うちにしかない。ドラえもんグッズが揃っているのは、うちだけ。コカ・コーラの缶があるのも、うちだけ。

「携帯電話の展示をしたい」というときに、1985年に登場した「ショルダーホン」は、うちにしかない。

かつてドコモがどこかの美術館に貸したら、壊れて戻ってきた。だからドコモが怒って「もう貸さない」と言っているらしいのです。そこでうちから借りていくしかない。

大阪の髙島屋は、「60年代・70年代の音楽展をやりたい」と言ってきました。うちには1979年に誕生したウォークマンが初代から揃っています。ほかのコレクションにはそれらはないから、それを借りるしかない。

だから「コレクションの賃貸料」で1回に100万円単位が入ってくる。

こうして**「金食い虫」は、わが家の「金のなる木」に変わった**のです。

## 「グローバル経済」から「マイクロ経済」へ

その「B宝館」を、私は次男へ継ぐことにしました。

私の事業を引き継ぐ事業承継者、2代目館長は次男なのです。

彼はIT技術者です。**さまざまなIT技術を駆使して、SNSを使いまくって、常に新しいビジネスを考えています。**

コレクションの写真を片っ端から撮りまくってホームページに載せる。

そうするとファンがそれを見てPVが増える。フォロワーを増やしてGoogleの広告料で稼ぐというビジネスモデルをつくったのです。

そんなビジネスは、私には到底できなかったことです。

いまはまだ広告料収入は数千円ですが、これからどんどんコレクションは増えますから、ＰＶはどんどん増えていきます。すると広告収入も増えていく。

だからこれからは、毎年１０００万円もの赤字なんていうことはなくなります。

そのうえ、次男のビジネスアイデアで、Ｂ宝館は月に一度の開館にしました。

いまは第一土曜日だけに開館しています。以前は週に一度開館していたのですが、月に一度にしても総入場者数は変わらないことがわかりました。

そうであれば、月に一度の開館にしたら人件費をカットできます。常勤スタッフも必要なくなって、いまはかみさんと長男・次男と私の家族経営にしています。

**つまりＢ宝館は「グローバル資本主義とは決別」して、「マイクロ経済」に徹している。どんなビジネスでも、人件費と家賃がかからなければ赤字にはなりません。**

しかもＢ宝館のコレクションの価値は上がっている。

**マイクロビジネスなんだけれども、客はグローバルになっている。**

この前は、わざわざメキシコからＢ宝館を目指してやって来た客がいました。

館内をくまなく観察して、「素晴らしいコレクションだ」と絶賛。

「いろいろなミュージアムを回ったけれど、お前のところは金で買えるものがない。そんな美術館はいままで世界中を回ったけど、どこにもなかった」

そう言って、なぜかメキシコのプロレスのマスクを置いて帰っていきました。

## B宝館にみる「マイクロビジネス」

この「B宝館」の経営からみると、**いまの日本のグローバル資本主義はまったくナンセンスだ**ということがわかります。

**いまの日本経済は、「金融」がメインになっていて、ほかの産業を振り回している。金融は価値の移動のピンハネをしているだけで、自分自身では何の価値も生んでいない。**

銀行振込をするだけで手数料をとるなんてバカげています。振込なんて電子信号の移動だけなんだから、コストなんてかかっていない。

住宅ローンの金利も然り。そもそも不動産を購入するときは買い手も銀行も納得してローンを組んだのに、その価値が下がると買い手にだけ責任を押しつけてくる。

アメリカには「ノンリコースローン」といって、担保物件を銀行に引き渡せば残債はチャラになるシステムがあるのに、日本の銀行は買い手にだけ責任を押しつける（国内にも一部ノンリコースローン取り扱い銀行あり）。

つまり、**人をだまして価値（貨幣）を強奪している**のです。

## ゴミが「アート」に!?

それに対して「B宝館」は、人にはゴミとして捨てられるものを私の審美眼で集めてコレクションして、いまや**世の中に2つとない「価値」として再生させている。**

同様にトカイナカで生きるということは、それぞれの地域に根ざした文化という「付加価値」を生み出していくことになる。

だから**これからの日本は、食文化、伝統行事、生活習慣、建築文化など、地域に根ざした文化の情報を世界的に発信して、グローバルな価値に育ててあげればいい。**

すでにイタリアの「プロジェッティスタ」の話はしましたが、これからの社会はまさに**アートが社会の命運を決めていく。**

そういうイタリアの選択は正しいと思うのです。

たとえて言えば、フェラーリは車ではありません。
移動の手段ではなく、アート作品です。
フェラーリに乗るということは、どこかに行きたいから乗るのではなく、自分の人生の表現として乗りたい。フェラーリのオーナーになるということは、自分の美学の表現でもある。

**速く走れる、早く目的地に着くという価値ではなく、人生を愉しむという価値のためにフェラーリに乗る。**

だから、フェラーリはセクシーなのです。

## 「自分自身のフェラーリ」を生むには……

**都会でブルシット・ジョブに人生を蝕まれていたら、フェラーリを生み出す創造性は生まれません。**

自動車のフェラーリではなく、**「自分自身のフェラーリ」を生むために、まずは毎日「わくわくどきどき」していないといけません。**

そのためには、

どういうライフスタイルをとったらいいのか？
どんな人生設計をしたらいいのか？
どんな人と交わったらいいのか？
どんなところに住めばいいのか？
どんな仕事に就けばいいのか？
どんなものを食べればいいのか？
どんな服を着ればいいのか？
何を「好き」といって、何を「嫌い」というのか？
自分の幸せは何なのか？
どんなふうに生きていれば幸せなのか？

真剣に考えて、「自分自身の幸せ」を創造してみてください。

# あとがき

## 「つまらない」「勝てない」「かっこ悪い」を捨てろ！

### ――日本の〝本当の力〟を発揮できるのはそこから

森永卓郎

私は67年の人生を、じつに幸せに生きてきました。

とくにがんになってからは、好きなことしかやらなかったし、書きたいもの、書かなくてはならないものしか書かなかった。

がんになってから、何十人もの医者に診てもらいました。抗がん剤が身体に合わなかったときは、体重がどんどん減って40キロ台まで落ちました。「これでは死ぬな」と思って、ライザップの逆をやったら51キロまで増えた。私は7年間ライザップのCMに出ていたので、やせるノウハウは知っているし、その逆をやれば体重が増えることも知っている。

**残りの人生が短いと思うと、中途半端なことはやっていられないのです。**周囲や家族には迷惑をかけるけれど、バッティングでいえば、**フルスイングするしかない。**そうするしかない。

## 本気でバットを振れ！　フルスイングしろ！

幸いにも、経済関係の仕事は長男の康平が引き継いでくれました。

私は『書いてはいけない——日本経済墜落の真相』（三五館シンシャ／フォレスト出版、2024年）を書いたからメディアからは干されたけれど、康平は毎日忙しく講演したり、テレビに出たり、書籍を書いたりしています。

彼には子どもが3人いるから、まだフルスイングは無理です。『書いてはいけない』は

「書いてはいけない」と、きつく言ってあります。

でも子どもが成人したら、**本気でバットを振れ！　フルスイングしろ！**　とも言ってある。

後継者がいることは、本当に幸せです。息子二人に感謝しないといけません。

## 「要介護3」でもアクティブな毎日

いま、これを書いている2024年の12月現在、私は「要介護3」です。

普通ならば部屋でゆっくりと過ごしていなければならない。

自宅には2週間に一度、訪問医が来てくれます。

最初のときには、「ホスピスはどうしますか？」が相談ごとでした。それくらい末期のがん患者なのです。

けれど私は、いまでも週に一度東京に出て、ラジオへの出演を3本こなしています。

夜の電車に乗って都内の事務所のソファーで寝て、早朝6時からTBS、文化放送、ニッポン放送の3局を回って生出演してくる。

そのあと都内のクリニックへ行って、所沢の自宅に戻ります。

今朝もそういうパターンで動いてきました。

「2ちゃんねる」のひろゆきさんのYouTubeに出たときは、ひろゆきさんも私の行動パターンに驚いていました。

そのチャンネルに出る前に、周囲には注意されていたのです。

「ひろゆきのチャンネルに出るとぼこぼこにやられるよ。気をつけなよ」と。

ところが対談してみると、何ひとつ攻撃されなかった。むしろ、ひろゆきさんの目が私を優しく見ていた。尊敬の眼差しだったと周囲には言われました。

それはそうです。ひろゆきさんより、私はよほど過激なことを言っているのですから。

自分の命があとどれだけもつかわからないのですから、過激にもなります。刺激的にもなります。

中学生のころは学生運動の尻尾の世代で、学校でバリケードを組んだことがありました。

それ以来なにも変わっていない。

## 後進の育成に心血を注ぐ

心残りがないのは、私が所属する大学のゼミ生を、この半年間で鍛えることに成功したこともあります。

私がいつ倒れても、ある程度のことはできたかなと思っている。

ゼミには、平時にはリモートで、合宿のときはかみさんに車で送ってもらってリアル参加しました。

私のゼミは17年続いていて、いまのゼミ生は17期と18期。はじめてゼミ長が女性になりました。

ずっと前から「男女差別はやめろ」と言いつづけて、今期ははじめて選挙で女性が選ばれた。とてつもなく優秀な子です。学生の選挙ですから、優秀でないとゼミ長には選ばれないのです。

ゼミの課題は、ゼミ長を経由して出します。**新ゼミ生には「ブラシス」（ブラザー・シスター制度）というマンツーマンの教育担当をつけて、徹底的にトレーニングしました。**

学生たちも、私ががんであまり大学に行けないので、その分しっかりしなくちゃいけないと思ったのでしょう。ものすごく成長してくれました。

## 吉本のNSC式で、本当の力を発揮

私のゼミ生の鍛え方は、吉本のNSC（吉本総合芸能学院）のやり方と似ています。

まずゼミ生を任意で二人組にして、30分時間をあげて「漫才をつくれ」と指示をする。

するとゼミ生全員が、まがりなりにも漫才をつくることができるのです。プロでも難しいのに、です。

最初の授業は「一発芸」、そして「三題噺《さんだいばなし》*」を語らせます。

語れないと私は怒る。

**「黙る」より「すべれ！」**。

これがゼミのテーマです。

学生たちが嫌がるのは「モノボケ」です。

*落語の形式のひとつ。客に3つの題を出させて、その場で一席の落語にするもの。

教壇の上にあらゆる物を20個から30個並べて、順次一人ひとりなにかを手にして「ボケる」。それをゼミ生全員でグルグル回して、90分間ぶっ続けでボケつづける。

誰もが最初の5周程度でネタを使い果たします。6周目からが地獄になる。それでも無理やりなにかを吐き出さないといけません。

**「恥ずかしくてもなんでもバットを振り抜け！　黙るよりすべれ！」**

私はそう言いつづけます。

すると、学生たちはどんどん成長する。

ゼミ合宿では、**「一発芸つまらない王選手権」**も行います。

二人が全員の前に出て一発芸をやる。

それを全員に投票させて、「つまらないほうが勝ち残る」。

これを続けていくと、準決勝あたりからは大変なことになる。選び抜かれた「つまらないやつ」が対決するのです。その想像を絶するほどのつまらなさといったら!!

だけど**全員から勝ち抜いて「つまらない王」になると、その後その子は大きく伸びる。**

怖いものはなにもない。つまらない王なんだから。

## 日本は「つまらない王」になれ！

つまり、**つまらない王は私と同じ。**

**怖いものはなにもない!!**

だから**本当のことが言える。本当のものが見える。真実が自分自身に宿る。**

日本もそうなればいい。

徹底的に自分自身をさらけ出して、つまらない王になって、「怖いものはなにもない」という心境になればいい。

かっこつけているうちはダメ。相手に勝とうなんて思ったらダメ。

**「つまらない」「勝てない」「かっこ悪い」を捨てる。**

**そこから人は、自分自身の〝本当の力〟を発揮できる。**

日本も本気でそうなればいいと、私は思っています。

だから経済も、**大きくなんかならなくていい。**
**大きな組織なんて組まなくてもいい。**
**東京で派手な生活なんてしなくていい。**
タワマンに住んで、高いところから下界を見下ろして得意がるなんてナンセンス。
パソコンを使ってスマートに仕事をするよりも、「泥にまみれて命を育てる」こと——
そのほうが、はるかに美しい。

# モリタクさんからの遺言

## ——日本の〝本当の力〟を発揮できるのはそこから

神山典士

森永卓郎さんのインタビュー原稿をまとめながら、私は彼の言葉（文字通り遺言）を反《はん》芻《すう》しながら、ひとり呟いています。

### ——資本主義経済は大きくなんかならなくていい

相手と顔の見える範囲で、信頼できる生産物をいただく。

巨大なチェーン店でモノを買ってその代金が都会へいってしまうより、地元の商店で地元の職人が手塩にかけた商品（やサービス）を買って、地元にお金を回していく。

そんなマイクロ経済を実践したい。

## ――大きな組織なんて組まなくてもいい

巨大な組織の歯車となってブルシット・ジョブで働くよりも、自分のアイデアを自分の手で、せめて信頼できる仲間とのチームワークの中で生み出していきたい。

お金をいただくお客さまから「ありがとう」の言葉を直接いただきたい。

お客さまとの「接近戦」が大切。生み出す商品やサービスに自分らしさが宿るようなビジネスをしたい。

## ――東京で派手な生活なんてしなくていい

豊島区池袋本町に住んでいると、都会の便利さに「依存している」自分に気づきます。

いつ駅にいっても電車は5分以内にホームに滑り込んでくる。お腹が減ったらどこにでも多種多彩なレストランがある。コンビニがある。居酒屋もある。

でもみんなチェーン店に変わってしまった。そこには「自分らしい幸せ」がない。

トカイナカ・ときがわ町の駅前にはなにもない。

商店はない。銀行もない。無料の自転車置き場と郵便ポストがあるだけ。

コンビニ（「デイリーヤマザキ」。美味しい自家製サンドイッチをつくってくれた）はコロナ禍で廃業しました。

私は自動車を持っていないから、移動はいつも自転車です。

コンビニと赤提灯までは約10分。カビ臭い（失礼）、生鮮食料品はとても買えないスーパーまでは、約6分。

大好きな掘ごたつ式のカウンターがあるカラオケ居酒屋「菊ちゃん」まではふた山越えないと辿り着かない。

でも、どちらがほのぼのと、「人間臭く生きられるか」といったらトカイナカなのです。

冬の薪ストーブの焔《ほのお》。標高800メートルの堂平山に登れば、頭上には満天の星座。眼下には視界いっぱいに関東平野の灯。スカイツリーまで遠望できます。

頭上と眼下の、光のイルミネーション。

夏は蛍の乱舞。キンと冷たい川の水。地元産のトウモロコシ、トマト、スイカ。朝どれ野菜のバーベキュー。泥付きネギを焼いて真ん中の芯を食べてみてください。ネギ嫌いの子が「あまーい!」と叫んで大ファンになるほど美味しい。

作文合宿でやってくる都会の子どもたちはトカイナカハウスに入ると、「畳の部屋だ!」といって、それだけで喜んでいる。

## ――タワマンに住んで、高いところから下界を見下ろして得意がるなんてナンセンス

2011年の東日本大震災のとき、16階の我が家は飲料水をとりに昇り降りするだけでひと苦労でした。

これ以上、上層階に住んでいるタワマン住民は、災害時にどうするのだろう。

同じタワマンでも、下層階と上層階ではヒエラルキーがあるらしい。愚かなことです。

ときがわ町にはマンションはない。3階建て以上のアパートも、エレベータのない4階建ての町営住宅が一棟あるだけ。

町民エッセイ教室を開いたら、ある女性が「窓を開け放ってピアノを弾いても、誰も文

句を言わない町」と書いていました。

人間はすぐに「上を目指す」。

けれどトカイナカには、どこまでも大自然が広がる「横の自由」がある。

**——農業はアートだ。泥にまみれて命を育てることのほうが美しい**

モリタクさんから「アート」という言葉が出たのには驚きました。「プロジェッティスタ」という言葉、彼の遺言として大切にしていきましょう。

日本には、葛飾北斎という世界に誇るアーティストがいる。浮世絵という庶民のアート（江戸時代にはカレンダーの絵くらいにしか思われていなかった）が世界の印象派を生んだ。ゴッホ、モネ、セザンヌなどの画家が、日本人の町民文化に影響を受けて開花した。

その感性を取り戻そう。

多神教アニミズムを誇ろう。一神教は争いを招く。私たちは２６００年もの歴史を誇る民族なのだから——。

今朝もトカイナカで目が覚めました。

豊島区のマンションにすぐに戻ろうにも、列車は1時間に1本しかありません。午前10時台にはなぜか一本もない。その扉も自動ドアではなくてスイッチを押さないと開かない。駅は無人駅が当たり前。

でもトカイナカでは、小学生が町で知らない人に会うと「こんにちは」と自分から挨拶するコミュニティへの信頼感があります。

町角のスピーカーからは、わざわざ「いまから小学生の下校の時間です」とアナウンスが流れる。

人間への正しい「信頼感」がある証です。

そんなトカイナカが大好きです。

その生活を大切にしながら、残された人生を生ききりたいと思う。

*

モリタクさんと私は、奇しくも〝トカイナカ〟という魅力と出会い、その可能性を感じて、自分自身で「社会実験」をしてきました。

その同志として2020年に出会い、インタビューや講演会を共にして対話を交わし、互いのトカイナカ生活をリスペクトしてきました。

唯一残念だったのは、「最後にこの本のために対談をして最終章に載せよう」との約束が叶わなかったことです。

1月28日の夜、ネットのニュースでその訃報が流れたとき、私は書き手の性として瞬時にこう思いました。

「しまった、早く対談をしておけばよかった!」

その死を悼むよりも、読者への約束を果たせなかったことを悔やんだ。

それが書き手としての本心です。

モリタクさん、許してください。

もっともっと、あの優しい語り口から辛辣な社会批評を聞きたかった。

もっともっと、破天荒な行動(真っ赤な衣装で大衆の前で下手なカラオケを歌う、大学の経済学のゼミで「一発芸つまらない王選手権」を真正直に行うなど)を見せてほしかった。

もっともっと、日本の闇を書いてほしかった。
もっともっと、日本経済を刺激して、この国の「元気」を鼓舞してほしかった。
もっともっと、もっともっと、もっともっと——。

その死を心から悼み、ご冥福をお祈りします。

残された言葉を大切に胸に抱き、この国に脱グローバル資本主義の生き方「トカイナカ生活」を広めていきます。

安らかにお眠りください。

2025年4月　トカイナカハウスにて

### 〈参考文献〉

『ブルシット・ジョブ――クソどうでもいい仕事の理論』デヴィッド・グレーバー著、酒井隆史・芳賀達彦・森田和樹訳（岩波書店、２０２０年）
『人新世の「資本論」』斎藤幸平著（集英社、２０２０年）

### 〈語句解説〉

#### 【ブルシット・ジョブ】について

アメリカの文化人類学者デヴィッド・グレーバーは前出の著書の中で、無意味な仕事の存在と、その社会的有害性を分析しており、本書ではこの考え方を参考にした。

グレーバーは、社会的仕事の半分以上は無意味であり、仕事を自尊心と関連付ける労働倫理と一体となったときに心理的に破壊的になると主張している。労働者は自分の役割が自分の知っているほど無意味でも有害でもないふりをしているとし、労働と高潔な苦しみとの関連は人類の歴史の中で最近のものであると述べ、潜在的な解決策としてベーシックインカムを提案している。

またグレーバーはブルシット・ジョブを「5種類の無意味な仕事」として説明しているが、本書ではそれに該当しなくても、働いている本人が「完璧に無意味で、不必要で、有害でさえあるムダな仕事」と思っているものを指す。

ブルシット・ジョブは、「difference」を「make」しない仕事、つまり「社会に何の影響ももたらさず、働く当人も意味がないと感じている仕事」のことである（参考：ステラ・ジャーナル「その仕事はブルシット・ジョブか!?」https://www.stellarrisk.com/blog/blog-post-four-tg5m9-5tzwj-zrbh6-a2n9h）。

対して「シット・ジョブ」は、俗にいう3K労働（きつい、汚い、危険）などを指し、本書では「ブルシット・ジョブ」と「シット・ジョブ」を使い分けている。

【著者紹介】

**森永卓郎**（もりなが　たくろう）

1957年東京都生まれ。経済アナリスト。専門はマクロ経済学、計量経済学、労働経済学、教育計画、オタク文化論など。

東京大学経済学部卒業後、日本専売公社、経済企画庁、UFJ総合研究所などを経て獨協大学経済学部教授。テレビ、ラジオ、講演、雑誌、著作などで経済をわかりやすく解説し、「モリタク」の愛称で人気を博す。

『年収300万円時代を生き抜く経済学』（光文社）では、「年収300万円時代」の到来をいち早く予測し、格差社会の現実を分析した。

2023年12月にステージ4のがんを公表し、その後も精力的に執筆活動を展開。『書いてはいけない――日本経済墜落の真相』（三五館シンシャ／フォレスト出版）など、多くのベストセラーを遺す。2025年1月28日死去。

**神山典士**（こうやま　のりお）

1960年埼玉県入間市生まれ。ノンフィクション作家。

埼玉県立川越高校を経て、信州大学人文学部心理学科卒業。『ライオンの夢――コンデ・コマ＝前田光世伝』（小学館）で第3回21世紀国際ノンフィクション大賞（現・小学館ノンフィクション大賞）優秀賞を受賞し、1997年デビュー。『ピアノはともだち――奇跡のピアニスト 辻井伸行の秘密』（講談社）は、2012年度青少年読書感想文全国コンクール課題図書に選定される。佐村河内守事件報道で第45回大宅壮一ノンフィクション賞、第21回編集者が選ぶ雑誌ジャーナリズム賞大賞受賞。「異文化」「表現者」「アウトロー」「地方創生」をテーマに作品を描き続ける。著書に『トカイナカに生きる』（文春新書）、『「我がまち」からの地方創生――分散型社会の生き方改革』（石破茂氏と共著、平凡社新書）など多数。北斎サミットジャパン代表、埼玉トカイナカコンソーシアム代表。ふるさと大好き全国作文協議会事務局長。

さらば！グローバル資本主義

「東京一極集中経済」からの決別

2025年5月12日　第1刷発行
2025年5月23日　第2刷発行

著　者――森永卓郎／神山典士
発行者――山田徹也
発行所――東洋経済新報社
〒103-8345　東京都中央区日本橋本石町 1-2-1
電話＝東洋経済コールセンター　03(6386)1040
https://toyokeizai.net/

装　丁………………金井久幸（TwoThree）
イラスト………………平松　慶
本文デザイン・DTP……アイランドコレクション
印　刷………………ベクトル印刷
製　本………………ナショナル製本
編集協力……………佐藤真由美
校　正………………加藤義廣
編集担当……………中里有吾／田中順子


Printed in Japan　ISBN 978-4-492-21261-5